dtv

Moderne Mythen verheißen Enthusiasmus und liefern Sinn-Bilder, durch die Nationen sich selbst definieren. In diesem Jahrhundert sind diese Bilder aber nicht selten zugleich Feindbilder, und als Sinn eines »wahren« Lebens kann es dann erscheinen, den Tod zu wagen, um den Feind zu töten. Mit dem Deutschlandlied auf den Lippen sollen junge deutsche Soldaten in der Schlacht von Langemarck 1914 in den Tod gegangen sein – und der daraus entstandene Mythos des freiwilligen Opfergangs wurde vom NS-Regime bedenkenlos ausgeschlachtet. Dieser Mythos stammte aus den Bedingungen unseres ersten Nationalstaates. Seit 1990 leben wir in unserem zweiten Nationalstaat, und darum ist es wichtig, den Fluch aufzuklären, der über seinem Vorgänger lag. Nur so können wir ihn bannen.
Kompetent und aufklärerisch versucht Christian Graf von Krockow, deutsche Mythen zu entzaubern und für unsere Zukunft neue politische Sinn- und Orientierungsbilder zu finden.

Christian Graf von Krockow, 1927 in Ostpommern geboren, lehrte bis 1969 Politikwissenschaft, seitdem lebt er als freier Wissenschaftler und Publizist in Göttingen. Neuere Buchveröffentlichungen u. a.: ›Die Stunde der Frauen‹ (1988), ›Fahrten durch die Mark Brandenburg‹ (1991), ›Unser Kaiser‹ (1993), ›Begegnung mit Ostpreußen‹ (1994).

Christian Graf von Krockow

Von deutschen Mythen

Rückblick und Ausblick

Deutscher Taschenbuch Verlag

Von Christian Graf von Krockow
sind im Deutschen Taschenbuch Verlag erschienen:
Die Stunde der Frauen (30014)
Die Reise nach Pommern (30046)
Friedrich der Große (30342)
Fahrten durch die Mark Brandenburg (30381)
Begegnung mit Ostpreußen (30493)
Unser Kaiser (30539)

Ungekürzte Ausgabe
September 1997
Deutscher Taschenbuch Verlag GmbH & Co. KG,
München

ISBN 3-421-06536-5
Umschlagkonzept: Balk & Brumshagen
Umschlagfoto: Hermannsdenkmal im Teutoburger Wald,
um 1910
(© BPK, Berlin)
Satz: Steffen Hahn GmbH, Kornwestheim
Druck und Bindung: C. H. Beck'sche Buchdruckerei,
Nördlingen
Gedruckt auf säurefreiem, chlorfrei gebleichtem Papier
Printed in Germany · ISBN 3-423-36028-3

Inhalt

DRITTER TEIL

Vorwort

Mythen, so scheint es, sind etwas sehr Fernes, uns Fremdes. Sie erzählen vom Ursprung, von der Erschaffung der Welt und des Menschen, vom Walten der Götter und manchmal vom Untergang.

Zwar mag ihre Sprache uns anrühren, die Bilder beschwört, statt Begriffe zu setzen. Aber was damit bleibt, ist einzig die Poesie statt einer Macht, die das Leben bestimmt. Gegen den Mythos stellt sich der Logos, gegen Glauben der Zweifel. Kritik, das »Hinterfragen« als Programm gehört zur Moderne, wie Aufklärung – laut Immanuel Kant – als ein Grundrecht und die Pflicht des Menschen, sich seines eigenen Verstandes zu bedienen. Ohnehin erscheint »Entmythologisierung« als ein Wesenszug der Wissenschaften, sei es gewollt oder ungewollt; man denke an Galilei oder mehr noch an Darwin, an die Religionskritik von Kant bis zur Theologie des 20. Jahrhunderts.*

Dennoch stellt sich die Frage, ob nicht hinterrücks wiederkehrt, was wir verabschiedet wähnen.

---

* Sternchen im Text verweisen auf die Anmerkungen ab S. 209

»Ihr seid noch immer da! nein, das ist unerhört.
Verschwindet doch! Wir haben ja aufgeklärt!
Das Teufelspack, es fragt nach keiner Regel.
Wir sind so klug, und dennoch spukt's in Tegel.
Wie lange hab ich nicht am Wahn hinausgekehrt,
Und nie wird's rein; das ist doch unerhört!«

So klagt schon in Goethes »Faust«, beim Hexentanz in der Walpurgisnacht, der verhöhnte Aufklärer, der sich und die Welt nicht mehr versteht.

Zur modernen Geschichte gehört eine unheimliche Erscheinung: der Mythos, der als politisches Kampfmittel gebraucht wird. In diesem Sinne hat zu Beginn unseres Jahrhunderts der Franzose Georges Sorel* von der Gewalt des Generalstreiks als einem Mythos gesprochen, der die sozialistische Revolution beflügeln solle. Und war nicht schon das Proletariat, wie Karl Marx es sich als Triebkraft der Geschichte erschuf, ein Mythos? Hat es etwa keinen Stalinmythos gegeben, dem Abermillionen verfielen, darunter bedeutende Denker und Dichter?

Ein Schüler Sorels war Benito Mussolini, der am Vorabend seines Marsches auf Rom aussprach, was zählte: »Wir haben unseren Mythos geschaffen. Der Mythos ist ein Glaube, ein edler Enthusiasmus« – mit dem ausdrücklich beigefügten Bekenntnis: »Es ist nicht notwendig, daß er eine Wirklichkeit sei.« Vielleicht kennzeichnet es den Faschismus, daß er die Bereitschaft der Massen, einem Mythos zu folgen, bewußt eingesetzt hat, um die »Bewegung« zu schaffen, mit der er zur Macht gelangte. Ganz gewiß heißt es ihn unterschätzen – so wie einst Linke und Liberale es taten –, wenn man von den Tiefenkräften in der menschlichen Seele absieht, die er berührt.

Seit der Kommunismus und sein Imperium zerfielen, werden nationale Mythen wieder mächtig, die einander bekriegen; erschrocken schauen wir auf die Vorgänge im ehemaligen Jugoslawien und in der ehemaligen Sowjetunion. Oder wir erinnern uns an das nördliche Irland. Wir fragen, warum die Menschen nicht vernünftig und friedlich miteinander umgehen, wie es ihrem eigenen, wohlverstandenen Interesse entspräche. Warum folgen sie Feindbildern, die das Vertreiben und Töten ihrer Nachbarn fordern, als sei das heroisch zu nennen?

Solche Fragen sind keineswegs neu. Die Erwartung oder Illusion, daß wir unserem wohlverstandenen Eigeninteresse folgen und zu vernünftigem Handeln begabt sind, hat eine ehrwürdige Tradition. Im 17. Jahrhundert begründete der englische Philosoph Thomas Hobbes seine Staatskonstruktion aus der Annahme, daß die Menschen unverbesserliche Egoisten sind und – eben darum – gesichert leben wollen, statt sich der Gefahr auszusetzen, verfolgt und vernichtet zu werden. Sorge um das Wohlergehen und die Angst vor gewaltsamem Tod helfen der Aufklärung voran. In ähnlichem Sinne hat Kant gesagt, das Problem der Staatserrichtung sei selbst für ein Volk von Teufeln auflösbar – sofern sie nur Verstand hätten.*

Leider verhalten die Menschen sich oft nicht wie verständige Teufel, sondern wie törichte Engel. Sie streiten für Ideale, koste es, was es wolle. Als Wesen, die eine Geschichte haben und von der Zukunft wissen, ohne sie zu kennen, fragen sie nach dem Sinn ihres Lebens, und diese Frage reißt sie über die persönliche und materielle Sicherheit weit und grundsätzlich hinaus. Darum sind sie anfällig für Mythen und werden es wohl bleiben. Das gilt um so mehr, je weniger die christliche Überlieferung noch trägt. »Ein feste Burg ist unser Gott«, haben seit Martin Luther viele Generationen gläubig gesungen, aber immer weniger Menschen stimmen noch ein. Moderne Mythen verheißen den fortan gültigen Ersatz in dieser Welt; in der genauen Bedeutung des Wortes liefern sie Sinn-Bilder. Nicht selten freilich geht es zugleich um Feindbilder, und als der Sinn eines »wahren« und »eigentlichen« Lebens kann es erscheinen, den Tod zu wagen, um den Feind zu töten. So verkehrt und verklärt sich der Tod zur Lebensbegründung.

Darauf haben wir in unserer neueren Geschichte selbst die Probe gemacht. Wir sind einem Mythos vom Feind und vom Tod verfallen, der sich als schreckensvoll wirksam erwies. Dieser Mythos stammte aus den Bedingungen, schärfer ausgedrückt aus der Bodenlosigkeit unseres ersten Nationalstaates. Darum führte seine Geschichte ins Unheil und in den Untergang.

Hier soll eine deutsche Jahrhundertgeschichte nicht noch einmal nacherzählt werden.* Es geht auch nicht darum, Schuld zuzuweisen oder Scham zu bekennen. Im Grunde geht es um die Gegenwart und noch mehr um die Zukunft. Denn seit 1990 leben wir in unserem zweiten Nationalstaat. Indem wir mit Beklemmung oder mit Hoffnung fragen, was er uns bringen mag, wird es wichtig, den Fluch aufzuklären, der über seinem Vorgänger lag. Nur so können wir ihn bannen. Solche Aufklärung kann uns helfen, weil sie Orientierung schafft. Und nur wer die Vergangenheit nicht scheut, wird die Zukunft bestehen.

Das Buch gliedert sich in drei Teile. Der erste erzählt vom modernen Mythos. Der zweite will erklären, wie er zur Wirkung gelangte. Der dritte stellt Fragen an die Gegenwart und die Zukunft: Was bleibt, sei es heimlich oder unheimlich? Ist eine Wiederkehr denkbar? Oder taugen wir jetzt zur Nation? Kann uns ein Gemeinwesen gelingen, das niemand mehr fürchten muß, nicht einmal wir selbst?

ERSTER TEIL

Die Offenbarung des Krieges

Wohl niemals zuvor oder seither sind die Menschen, die Völker Europas so vielstimmig und dennoch beinahe einmütig dem Jubel verfallen, wie zu Beginn des Ersten Weltkriegs im August 1914. Aber ganz besonders gilt das für Deutschland. Es war, als fühle man sich durch eine unverhoffte Gnade von den Lasten und Lügen des längst schon verschlissenen Friedens befreit. Als Kaiser Wilhelm II. vom Balkon des Berliner Schlosses herab den Krieg verkündete, stimmte die zu seinen Füßen versammelte Menge spontan einen Choral an: »Nun danket alle Gott ...«

Wie kann man das verstehen? Hätte man nicht vom Unheil sprechen und von Sorgen beschwert sein sollen? »Binnen Wochen wurde der Krieg zum technisch-industriellen Großunternehmen, dessen Produktionsziel nicht Gewinnmaximierung war, sondern der militärische Sieg. Binnen Tagen zerfiel die um den Goldstandard gruppierte Weltwirtschaft, standen die Mittelmächte isoliert, wurde der Krieg durch eine zunächst beschränkte, ab 1915 unbeschränkte Blockade der britischen Seestreitkräfte zum Wirtschaftskrieg, begann auf Initiative Walther Rathenaus die Rohstoffbewirtschaftung.«* Aber die Sorgen, wenn es sie denn gab, konnten sich kaum hervorwagen; sie wurden als böswilliges »Miesmachen« verdammt und vom Jubel übertönt.

Doch hätte man nicht die Ängste, das Entsetzen herausschreien müssen, da nun der Tod von der Jugend Europas das Leben einforderte? Offenbar nicht. Man fühlte sich vom »uneigentlichen«, in falschen Formen, Vorstellungen und Begierden verlorenen Leben in das wahre und eigentliche gerufen; so jedenfalls sagten es Dichter. Der bekannte Lyriker Richard Dehmel schrieb 1914 sein »Lied an alle«:

»Sei gesegnet, ernste Stunde,
die uns endlich stählern eint;
Frieden war in aller Munde,
Argwohn lähmte Freund und Feind –
  Jetzt kommt der Krieg,
  der ehrliche Krieg!

Dumpfe Gier mit stumpfer Kralle
feilschte um Genuß und Pracht;
jetzt auf einmal ahnen alle,
was uns einzig selig macht –
  Jetzt kommt die Not,
  die heilige Not!

Feurig wird nun Klarheit schweben
über Staub und Pulverdampf;
nicht ums Leben, nicht ums Leben
führt der Mensch den Lebenskampf –
  Stets kommt der Tod,
  der göttliche Tod!

Gläubig greifen wir zur Wehre,
für den Geist in unserm Blut;
Volk, tritt ein für deine Ehre,
Mensch, dein Glück heißt Opfermut –
 Dann kommt der Sieg,
 der herrliche Sieg!«*

Dehmel stand wahrlich nicht allein; mit anderthalb Millionen Kriegsgedichten, die aus deutschen Federn geflossen sein sollen, wurde ein Produktionsrekord der besonderen Art erreicht.* Und wie die Dichter griffen Professoren zur Feder, predigten die Pfarrer von der Kanzel herab.*

Fragt man nach Mythen, die der Krieg gebar, so sind vor allem zwei zu nennen. Der erste war der Tannenberg-Mythos, der die Rolle Paul von Hindenburgs, des greisen Generals, in der Geschichte des 20. Jahrhunderts begründete. Er läßt sich ohne Umschweife verstehen, denn es handelte sich um einen glanzvollen Sieg, vergleichbar dem Triumph bei Sedan 1870 über den »Erbfeind« im Westen, der gleichsam den Gründungssieg des Bismarckreiches darstellte. Aus ihm wurde später der »Sedantag« geboren – der einzig populäre Nationalfeiertag, den es hierzulande jemals gegeben hat.*

Gemäß dem Schlieffenplan wurde fast die gesamte deutsche Heereskraft zum schnellen Vormarsch durch Belgien hindurch und zum erhofften Sieg im Westen eingesetzt; nur schwache Kräfte deckten Ostpreußen. Der Einmarsch von zwei russischen Armeen brachte eine Fluchtbewegung in Gang, die fast schon an 1945 denken läßt. Hindenburg und sein Stabschef Erich Ludendorff aber erreichten gegen alles Erwarten die Einschließung und Vernichtung der russischen Narew-Armee und damit die Rettung Ostpreußens.

»Bei Tannenberg« fand übrigens die Schlacht gar nicht statt. Die Namensgebung »antwortete« vielmehr auf die Niederlage, die ein halbes Jahrtausend zuvor, im Jahr 1410, der Deutsche Orden dort – polnisch »bei Grunwald« – gegen ein polnisch-litauisches Heer erlitten hatte. Wie Ludendorff als Stratege des Sieges in seinen Kriegserinnerungen schrieb: »Die Schlacht wurde auf meinen Vorschlag die Schlacht bei Tannenberg genannt, als Erinnerung an jenen Kampf, in dem der Deutsche Ritterorden den vereinigten litauischen und polnischen Armeen unterlag. Wird der Deutsche es jetzt wie damals zulassen, daß Litauer und namentlich der Pole aus unserer Ohnmacht Nutzen ziehen und uns vergewaltigen? Soll jahrhundertealte deutsche Kultur verlorengehen?«*

Die Fragen zeigen, daß der Text nach der Niederlage von 1918 geschrieben wurde. Um so wichtiger erschien dann der Bau des Tannenberg-Nationaldenkmals, das 1927 im Beisein Hindenburgs eingeweiht wurde. Und warum denn nicht? Menschen brauchen Erfolgserlebnisse, und Völker feiern ihre Siege. Die Franzosen erinnern sich an Austerlitz, die Engländer an Waterloo, die Amerikaner an Gettysburg und die Russen an Stalingrad. Insofern ist das

Besondere im Rückblick auf Tannenberg nur, daß sich die Freude über die Rettung Ostpreußens in die Trauer über den selbstverschuldeten, unwiederbringlichen Verlust verwandelt hat. Mit ihm ist das Denkmal verschwunden, und ein paar Kilometer weiter triumphiert die polnische Erinnerung an den Sieg bei Grunwald.

Zum Ersten Weltkrieg gehört aber ein zweiter Mythos von anderer und weitaus dunklerer Art; er bezieht sich auf die Schlacht bei Langemarck. Sie entwickelte sich im Oktober 1914 in Frankreich. Nach dem deutschen Scheitern an der Marne Anfang bis Mitte September wurden beiderseits die Kräfte neu gruppiert, und es begann dann, was man den »Wettlauf zum Meer« genannt hat. Für die deutsche Führung kam es darauf an, Kanalhäfen wie Calais und Dünkirchen zu erreichen; von dort aus hätte man mit Marineeinheiten und besonders mit U-Booten den britischen Nachschub nach Frankreich nachhaltig stören oder sogar unterbinden, zumindest auf weite Umwege zwingen können. Aus diesem Vorwärtsstreben in Flandern entstand der deutsche Angriff bei Langemarck.

Im krassen Gegensatz zu dem Sieg in Ostpreußen gab es ein militärisches Fiasko. Die Regimenter der jungen Kriegsfreiwilligen, die hier eingesetzt wurden, rannten, nur flüchtig ausgebildet, im flandrischen Herbstnebel gegen die Maschinengewehre der britischen Berufsarmee an und wurden niedergemäht. Ungefähr 80 000 Gefallene waren zu beklagen, die Blüte der Nation; allein der deutsche Kriegsfriedhof von Langemarck zählt 45 000 Gräber. Um so merkwürdiger und im Rückblick ebenso unheimlich wie beinahe unverständlich wirkt die Verklärung, die bald begann. Um sie anschaulich zu machen, sei ihrem Literaten, Hermann Thimmermann, das Wort gegeben:

»Es ist bekannt, daß der Sturm, von dem hier die Rede ist, mißlang. Es ist weiter bekannt, daß er unter unsäglichen Verlusten mißlang. – Wenn trotzdem der Name Langemarck schon jetzt, zwanzig Jahre nach jenem Sturm, wie der Name einer heroischen Sage klingt, so muß damals etwas geschehen sein, was in der Geschichte unsterblich bleibt.«

Was das war, wird dramatisch geschildert: »Und ein Gesang löst sich aus der tödlichen, verfluchten Erde, aus Äckern und aus den Wiesen steigt es auf, das Lied, das Lied, das Lied!!! Offizier und Mann, Freiwillige und Landwehrleute – ›Deutschland – Deutschland – über – alles – über – alles – in – der – Welt.‹ Und die Übriggebliebenen, die Unversehrten, denen bis jetzt noch nichts geschehen ist, klammern die erdverklebten Hände um ihr Gewehr, heben die Köpfe hoch, furchtlos, und singen die heiligen Worte. Manche haben Tränen der Wut und der namenlosen Erbitterung in den Augen, sie lassen die Tränen über die Wangen rinnen und singen. Und wer unter ihnen nicht mehr imstande ist, sich zu bewegen, singt, die blassen Lippen dicht am Boden, in die Erde hinein.

›wenn – es – steht – zu – Schutz – und – Trutze –‹

Und das Wunder geschieht, das unvorstellbare Wunder. Schon steht, inmitten des neuausbrechenden Vulkans von Eisenklumpen und Stahlregen, steht einer aufrecht, und jetzt noch einer und noch einer, ein Fünfter, ein Zehnter, da und dort, und noch mehr, manche ohne Helm, mit wehenden Haaren und freien Stirnen, manche mit blutenden Verbänden um die Hand, um den Arm, um den Kopf – und jetzt ist es eine dünne, ganz dünne, todesentschlossene Sturmreihe geworden – ein Offizier, dem der Rock in Fetzen gerissen ist, reißt sich den hemmenden Verband von der Schulter, stürzt vorwärts und mit ihm die anderen und mit allen – das Lied, das Lied.

›– brü – der – lich‹

Es sind keine Menschen mehr, keine Kinder, Jünglinge und Männer mehr, die da ankommen, mehr schwankend und fallend als laufend, mit dem Sturmgesang auf den Lippen, Schritt um Schritt, unaufhaltsam, unhemmbar – auf diesen gespenstigen, teuflischen, feuerspeienden Häuserrand zu, es sind unwirkliche Gestalten aus einer Sage, mit glühenden Gesichtern, mit brennenden Augen –

›zu – sam – men – hält –‹

Und einen Augenblick scheint es, als ob Langemarck in eisigem Entsetzen den Atem anhalten würde vor diesem apokalyptischen Traum, der da angetaumelt kommt, dann aber bricht aus allen Ecken und Winkeln der Landschaft ein vertausendfachtes Geklirr, Gefauche, Geschmetter; ein brühheißes Gewölbe aus Schrapnellwolken, Erdfontänen, Eisenzacken und Flammenbögen kommt auf die Stürmenden herunter und bricht über ihnen zusammen. Das Lied stirbt.

Es stirbt wie die, die es gesungen haben und die es noch auf den Lippen haben.

Stimme auf Stimme verdunkelt sich, verröchelt, schweigt. Mund auf Mund klafft auseinander, Stirn um Stirn sinkt in den Boden.«*

Sogar dieser überschwengliche Text macht deutlich, daß es sich militärisch nüchtern betrachtet um eine schreckliche Niederlage handelte. Auch im weiteren Verlauf der Kämpfe in Flandern wurden die französischen Seehäfen nicht erreicht. Als alle Bewegungen im Schlamm und in den Schützengräben erstarrten, blieben sie in alliierter Hand. Zugleich wurde die Meerenge zwischen Dover und Calais durch Seesperren und Minengürtel kaum durchdringbar verriegelt. Woher aber dann die Verklärung?

Sie ist, so scheint es, gerade in dem militärischen Mißlingen angelegt: Nicht banaler Erfolg, sondern der Tod erst lohnt und krönt den Einsatz. Noch einmal Thimmermann:

»Diese in ihrem Heroismus unvergleichlichen, wunderbaren jungen Soldaten. Tollkühn, gehorsam und enthusiastisch sind sie in diesen mörderischen Nebel hineingegangen. Mit kindlichem Vertrauen haben sie sich in die Hölle geworfen ... Sie sind von geisterhaften Händen erfaßt und vernichtet worden, wo sie sich auch befanden. Sie sind getötet und verstümmelt worden, ohne daß sie gewußt hätten, woher solches Verhängnis kam. Kleine, graue, bewegungslose Hügel, kilometerweit auf und ab.«*

Einzig im Selbstopfer erfüllt sich das Leben, noch bevor es wirklich gelebt wurde, denn der Tod ist sein Sinn: Dies und nichts sonst sagt der Mythos. »Die Freiwilligen des Regiments List haben vielleicht nicht recht zu kämpfen gelernt, aber zu sterben wußten sie wie alte Soldaten«, schrieb einer, der dabei war und überlebte, bis zu seinem Selbstmord dreißig Jahre und sechs Monate später: Adolf Hitler. Der Hitler-Jugend ist dann Langemarck immerfort als das Vorbild gepredigt worden, »denn die Fahne ist mehr als der Tod«! Und die Förderung hochbegabter Studenten – in der Weimarer Republik wie in der Bundesrepublik die »Studienstiftung des Deutschen Volkes« – wurde im Dritten Reich zum »Langemarck-Stipendium« umbenannt.

Der Todessturm in Flandern stellt sich nicht als isoliertes Ereignis dar. Was sein Mythos meint, wurde wieder und wieder beschworen. Das wohl einzige Kultbuch, das unmittelbar dem Kriege entstieg – 1918 schon in der neunten Auflage –, erzählt vom jugendbewegten Leben, das sich im Sterben erfüllt: »Der Wanderer zwischen beiden Welten« von Walter Flex. Es ist dem gefallenen Freund Ernst Wurche gewidmet; einige Passagen seien auch hier zitiert.

»Wir sprachen, ins Dunkel der Riesenfichte geschmiegt, von den Kämpfen, denen wir entgegengingen. ›Einen echten und rechten Sturmangriff zu erleben‹, sagte der junge Leutnant neben mir, ›das muß schön sein. Man erlebt vielleicht nur einen. Es muß doch schön sein.‹ Und schwieg wieder und blickte auf den breiten Stahl in seinen Händen nieder. Auf einmal legte er mir den Arm um die Schulter und rückte das helle Schwert vor meine Augen: ›Das ist *schön*, mein Freund, ja?‹ Etwas wie Ungeduld und Hunger riß an den Worten, und ich fühlte, wie sein heißes Herz den großen Kämpfen entgegenhoffte. Lange noch stand er so da, ohne sich zu rühren, mit leicht geöffneten Lippen im heller werdenden Mondlicht, das über die breite Klinge in seinen hellen Händen floß, und schien auf etwas Fremdartiges, Großes und Feindseliges zu lauschen, das im Dunkel verhohlen war ...

An diese seltsam dunkle Straße wurde ich erinnert, als ich vor Weihnachten die Mutter des gefallenen Freundes in der Heimat besuchte. Nach einer Weile des Schweigens fragte sie mich leise: ›Hat Ernst vor seinem Tode einen Sturmangriff mitgemacht?‹ Ich nickte mit dem Kopf. ›Ja, bei Warthi.‹ Da schloß sie die Augen und lehnte sich im Stuhl zurück. ›Das war sein großer Wunsch‹, sagte sie langsam, als freue sie sich im Schmerze einer Erfüllung, um die sie lange gebangt hatte. Eine Mutter muß wohl um den tiefsten Wunsch ihres Kindes wissen. Und das muß ein tiefer Wunsch gewesen sein, um dessen Erfüllung sie noch nach seinem Tode bangt. O, ihr Mütter, ihr deutschen Mütter!«*

»Großen Seelen ist der Tod das größte Erleben«, heißt es später. Und schließlich: »Weißt du nichts von der ewigen Jugend des Todes? Das alternde Leben soll sich nach Gottes Willen an der ewigen Jugend des Todes verjüngen. Weißt du das nicht?«*

Man könnte lange so fortfahren. Wie schon angedeutet, haben Professoren vom deutschen Heroismus geschwärmt; in ihren »Ideen von 1914«, die sie landauf und landab verkündeten, haben sie einen Urgegensatz zum Westen, besonders zu England, dem »perfiden Albion« konstruiert: Hier die todesbereiten Helden – dort Händler.* Und die Kirchen segneten, wie sie nur konnten: Gott mit uns.

Neben dem »Wanderer zwischen beiden Welten« gab es ein zweites Kultbuch mit ähnlich verstandener Botschaft, das die Kriegsfreiwilligen von 1914 bereits im Tornister trugen: »Die Weise von Liebe und Tod des Cornets Christoph Rilke«.* Doch um nach Langemarck zurückzukehren und einen Vergleich zu versuchen: Der französische Mythos des Ersten Weltkriegs ist der von Verdun.* Seine Bilder zeigen die Nachtseite des Krieges, das Grauen der Materialschlacht – und das Standhalten gegenüber dem Grauen. Weil aber Sieger wohl stets den letzten statt den kommenden Krieg vorbereiten, wird aus dem Mythos die Maginot-Linie geboren, eine in ihrer Tiefe beinahe pazifistische Konsequenz: Falls man wirklich den deutschen Ansturm noch einmal abwehren muß, will man die eigenen Verluste so gering wie möglich halten, indem man sich einbetoniert. Wahrscheinlich hat die Lähmung des Angriffsgeistes der französischen Armee im Herbst 1939 und ihr Versagen in offener Feldschlacht 1940 etwas mit diesem Mythos zu tun. Ganz gewiß gilt das für die Gegenfigur zu Hindenburg, den Marschall Pétain, den Sieger von Verdun, der – eben weil er dies ist – zum Statthalter der Niederlage aufrückt.

Von dem Abgrund, der den einen Mythos des Krieges vom anderen trennt, hat der große Gegner der Deutschen im Ersten Weltkrieg, Georges Clemenceau, etwas verstanden, wenn er mit der Scharfsicht des Feindes schrieb: »Lieber Freund, es entspricht dem Wesen des Menschen, das Leben zu lieben. Der Deutsche kennt diesen Kult nicht. Es gibt in der deutschen Seele, in der Gedankenwelt und Literatur dieser Leute eine Art Unverständnis für alles, was das Leben wirklich ist, für das, was seinen Reiz und seine Größe ausmacht, und an dessen Stelle eine krankhafte und satanische Liebe zum Tod. Diese Leute lieben den Tod. Diese Leute haben eine Gottheit, die sie zitternd, aber doch mit einem Lächeln der Ekstase betrachten, als wären sie von einem Schwindel erfaßt. Und diese Gottheit ist der Tod. Woher haben sie das? Ich weiß darauf keine Antwort. Der Deutsche liebt den Krieg als Selbstliebe und weil an dessen Ende das Blutbad wartet. Der Deutsche begegnet ihm, wie wenn er seine liebste Freundin wäre.«*

Man sollte sich allerdings davor hüten, vom Nationalcharakter zu sprechen, als sei er Natur. Hier ist vom deutschen Mythos in der ersten Hälfte des 20. Jahrhunderts die Rede und von nichts außerdem. Wohl gibt es geschichtliche Prägungen, aber die können sich ändern. Nach 1945 sind wir – wie manche meinen – beinahe ins Gegenextrem verfallen; jedenfalls sind wir sehr zivil geworden. Bereits der Gedanke, daß deutsche Soldaten im Rahmen der UNO an Einsätzen teilnehmen sollten, bei denen geschossen wird, versetzt uns in Mißbehagen, wenn nicht in Schrecken. Und wie denn sah es in älterer Zeit aus? Waren nicht »Bildung« und »Gemütlichkeit« deutsche Weltworte – und nicht etwa »Blitzkrieg« und »Endlösung«? Vielleicht sind wir sogar auf dem Wege zurück zu jenem Landsmann, den Jahrzehnte vor Clemenceau Honoré de Balzac beschrieben hat, als er in seiner Novelle »Das Rote Wirtshaus« den Erzähler als den Freund eines Pariser Bankiers vorstellte:

»Dieser Freund, der Inhaber einer bedeutenden Nürnberger Firma, war ein biederer, dicker Deutscher. Er verfügte über Geschmack und Bildung und war ein leidenschaftlicher Pfeifenraucher; er hatte ein hübsches, breites Nürnberger Gesicht und eine viereckige offene Stirn, die von spärlichen blonden Haaren umrahmt war. Er war der echte Sohn des edlen und reinen Germanien, das so fruchtbar ist an ehrenwerten Charakteren, deren friedfertige Sitten sich selbst nach sieben Invasionen nicht verleugnen. Der Fremde hat ein argloses Lachen, hörte aufmerksam zu und trank sein gehöriges Quantum; dem Champagner schien er ebenso Geschmack abzugewinnen wie dem Johannisberger. Er hieß Hermann, wie fast alle Deutschen, die uns von den Schriftstellern geschildert werden. Als ein Mensch, der nichts leichtzunehmen weiß, saß er behäbig am Tisch des Bankiers und speiste mit dem in Europa so berühmten altdeutschen Appetit.«

Bildung und Gemütlichkeit: Diese Worte sind so »typisch deutsch«, daß sie sich in fremde Sprachen nicht übersetzen lassen, ohne sie um ihre Bedeutung zu bringen. Eben darum wanderten sie in die Welt und bestimmten einst das Bild, das andere sich vom Volk in der Mitte Europas gemacht haben. Warum konnte es dabei nicht bleiben? Warum mußten »Blitzkrieg« und »Endlösung« hinzutreten und das Bild verdunkeln?

Auf der Suche nach dem verlorenen Feind

Am 9. November 1918 trat die erste deutsche Republik in ihr unsicheres Leben. Nur wenige hatten sie wirklich gewollt, vielen blieb sie gleichgültig, viele haben sie gehaßt. Bald kam das böse Wort von der »Novemberrepublik« auf, und von »Novemberverbrechern« war die Rede, die man im Wort, wenn nicht gar in der Tat, der Feme überantwortete.

Dabei stellte sich die Weimarer Reichsverfassung demokratisch mustergültig dar. Gewiß gab es ein Ungleichgewicht der Länder, weil Preußen unangetastet blieb. Doch anders als zum Beispiel Bayern erwies sich Preußen dann als ein Hort der Republik. Es gab zudem einen seltsamen Zwiespalt: einerseits das parlamentarische Regierungssystem, andererseits als »Ersatzkaiser« den Reichspräsidenten mit weitgehenden Notstandsbefugnissen. Aber Friedrich Ebert und zunächst auch Hindenburg haben diese Befugnisse nicht zum Schaden, sondern zur Rettung der Republik genutzt. Übrigens besitzt Frankreichs Fünfte Republik eine ähnliche Doppelregierung, die sich seit Jahrzehnten als funktionsfähig erweist.

Warum also mochten die Deutschen sich mit dem Weimarer »System« so wenig befreunden? Die üblichen Deutungen beschönigen viel, aber sie erklären wenig. Allerdings stellte das Friedensdiktat von Versailles eine schwere Last dar; weithin war es eher von der Angst der Sieger vor den Besiegten als vom Willen zur Versöhnung bestimmt. Aber zum Beispiel die Grenzziehungen, besonders im Osten, über die man sich entrüstete, wirken jedenfalls im Rückblick weit weniger anstößig. Später – nach 1945 – hat man »die Grenzen von 1937« eingeklagt; es waren die von Versailles, die man um keinen Preis hinnehmen wollte, als man sie hatte.

Wahrhaft unsinnig waren die uferlosen Reparationsforderungen der Sieger. Sie haben niemandem genützt und nicht nur dem Reich, sondern auch Europa und der Weltwirtschaft geschadet. Doch dank einer zielstrebigen Revisionspolitik waren sie praktisch erledigt, noch ehe Hitler zur Macht kam. Und zuvor schon nahm Deutschland im Rahmen des Völkerbundes wieder einen geachteten Platz ein. Ohnehin war es kaum logisch zu nennen, wenn man »Versailles!« rief, um auf die Republik einzuschlagen. Das Friedensdiktat war eine Folge des verlorenen Krieges, und den hatten die Eliten des Kaiserreiches zu verantworten, nicht die Nachfolger, die notgedrungen ein schweres Erbe antraten.

Ähnlich die Inflation, die 1923 ihren bizarren Endpunkt erreichte und weite Teile vor allem des Mittelstandes enteignete. Im wesentlichen war sie eine Konsequenz der Tatsache, daß der Krieg statt aus Steuern in erster Linie aus Anleihen finanziert worden war, für die es nach der Niederlage keine Dekkungsmöglichkeiten mehr gab.*

Schließlich und vor allem die Weltwirtschaftskrise: Fast über Nacht verwandelte sie Hitlers vorher ohnmächtige Horden in eine reißende Massenbewegung. Aber wie schon der Name sagt, gab es die Krise auch anderswo, besonders in den Vereinigten Staaten und in Großbritannien – ohne nennenswerte Folgen für die politische Ordnung. Was daher aus Wirtschaftskrise und Arbeitslosigkeit erklärt werden soll, bedarf selbst der Erklärung: Warum war es in Deutschland denn anders?

Diese knappen Stichworte ließen sich beliebig ergänzen. Doch in einem Satz: Es gibt die vernünftige Erklärung nicht, und wo sie versucht wird, bleibt sie zum Scheitern verurteilt. (Ein späteres Kapitel wird solch einen Versuch behandeln.) Das wohlverstandene Interesse der Deutschen hätte es erfordert, sich in der Republik und mit ihr in Europa einzurichten, um dann auf die Zukunft zu setzen, auf die wirtschaftlich Tüchtigen, die sie selber waren. Was nach dieser Einsicht allerdings um so bedrückender bleibt, ist das Irrationale – und die mythologische Deutung.

Als These formuliert: Die Weimarer Republik war ihrer ganzen Anlage nach ein Staat ohne Feindbild – und genau darum erschien sie als verächtlich und »undeutsch«. In einer Mißdeutung demokratischer Prinzipien kannte nicht einmal die Verfassung mögliche Verfassungsfeinde; darum war sie nicht

»wehrhaft« eingerichtet wie das Bonner Grundgesetz. Artikel 76 sagte schlicht: »Die Verfassung kann im Wege der Gesetzgebung geändert werden.« Bei Reichstagsbeschlüssen zur Verfassungsänderung mußten nur zwei Drittel der Abgeordneten anwesend sein und von ihnen zwei Drittel zustimmen – also noch nicht einmal die Hälfte aller Mitglieder. Und nichts blieb ausgenommen, auch nicht die »Grundrechte und Grundpflichten der Deutschen«. Man hat das den Wertrelativismus der Verfassung genannt.

Blickt man auf das ablaufende Jahrhundert zurück, so liegt es nahe, sarkastisch zu sein: Immer dann, wenn sie über ein festes, um nicht zu sagen teuflisches Feindbild geboten, gerieten die Deutschen in Hochstimmung – und immer dann in die Depressionen, wenn sie es verloren.

Das Kaiserreich wurde im Sieg über den »Erbfeind« Frankreich geschaffen. Später freilich genügte er nicht mehr, weil er sozusagen nur die Dimensionen eines für Preußen angemessenen Gegenspielers besaß. Der wilhelminische Traum von der »Weltmacht«, statt einer europäischen Großmacht, vom raschen industriellen Fortschritt beflügelt, richtete sich daher mehr und mehr gegen das seebeherrschende und im 19. Jahrhundert wirtschaftlich führende England. So entstand das große und ganz neuartige Machtprojekt der wilhelminischen Zeit, der Schlachtflottenbau, an dem sich das Bürgertum ebenso begeisterte wie der Kaiser, so kam es zur

Explosion des Hasses 1914: »Perfides Albion! Gott strafe England!« Darum auch die gefühlsbetonte Zuweisung der Kriegsschuld dorthin, wo sie am wenigsten zu finden war, wie der berühmte Altphilologe Ulrich von Wilamowitz-Moellendorff exemplarisch formulierte, als er über England den Stab brach: »Dort ist der eigentlich treibende böse Geist, der diesen Krieg emporgerufen hat aus der Hölle, der Geist des Neides und der Heuchelei.«* Weil aber mit dem Kriegsbeginn 1914 undeutliche Verhältnisse sich auflösten, wie Nebel unter der Sonne, und der Feind dramatisch hervortrat, schlug zugleich die Stunde eines nie zuvor erlebten Hochgefühls.

Natürlich kannte das Kaiserreich auch seinen inneren Feind, seit Bismarcks Sozialistenverfolgung vor allem die »vaterlandslosen Gesellen« der Arbeiterbewegung. Umgekehrt besaß die Sozialdemokratie ein dogmatisch geschlossenes Weltbild, das Freund und Feind eindeutig schied. Die Aufregung, die Eduard Bernstein verursachte, als er am Beginn des Jahrhunderts eine Anpassung der Revolutionstheorie an die längst vorherrschende Praxis einer Reformbewegung forderte, und die Abfuhr, die ihm zuteil wurde, sprechen für sich.* Doch mehr oder minder hatten sich alle Parteien gleichsam in Wagenburgen verschanzt, durch eine Weltanschauung gesichert, »welche die unbestreitbaren Vorzüge eines Katechismus und einer Felddienstordnung auf bestrickende Weise in sich vereint«*. Für eine demokratisch offene Ordnung, zu der die

Kompromißbereitschaft nicht als Übel, sondern als Tugend gehört, waren damit die Parteien denkbar schlecht vorbereitet.*

Von der Erfindung des Feindes in der Weimarer Republik und den Folgen für die nationalsozialistische Machtergreifung soll gleich die Rede sein. Zuvor aber lohnt schon ein kurzer Ausblick auf die Zeit nach 1945.

Die Bundesrepublik Deutschland und die Deutsche Demokratische Republik entstanden aus dem Kalten Krieg und waren in vieler Hinsicht seine Gewinner. Denn gewiß hätten sich die Deutschen weitaus geduldiger als Zöglinge – oder wie sie im Westen sangen: als »die Eingeborenen von Trizonesien« – unter ihren Besatzungsmächten einrichten müssen, wenn die Alliierten des Zweiten Weltkriegs einig geblieben wären. Unter den Vorzeichen des Kalten Krieges aber gab es nun hüben wie drüben die eindeutigen Feindbilder. In der Bundesrepublik lebte man in der Furcht vor dem Bolschewismus; seine Schrecken wurden vielmillionenfach von Heimatvertriebenen und Flüchtlingen aus dem Osten bezeugt. Konrad Adenauer hat von vornherein auf die »Sowjets« als Feinde und Helfer, auf die Vision von der roten Gefahr gesetzt; in ihrem Zeichen ist er zum überragenden Gründervater aufgerückt – und hat er in den fünfziger Jahren seine strahlenden Wahlsiege errungen, 1957 sogar mit absoluter Mehrheit, die noch niemals zuvor oder seither in der deutschen Parlamentsgeschichte einer einzigen Partei zugefallen ist. Denn wie es auf Wahlplakaten hieß: »Alle Wege (der Opposition) führen nach Moskau.« Und alle Hoffnungen auf ein ungeteiltes, aber neutrales Deutschland hat der Kanzler als Lug und Trug abgetan, wie die entsprechenden Verhandlungsangebote der Sowjetunion als abgefeimte Störmanöver.

Sieht man von dem über Erwarten raschen und nachhaltigen wirtschaftlichen Aufstieg einmal ab, dann findet man im eindeutigen Feindbild den wesentlichen Unterschied zur Weimarer Republik. Er erklärt, warum die Bürger der Bundesrepublik sich mit ihrem Staat nicht nur abfanden, sondern befreundeten. Zudem konnte Adenauer, weil man Vorbehalte oder gar Feindbilder gegenüber dem angeblich »undeutschen« System der bürgerlichen Demokratien jetzt nicht mehr brauchte, die Einbindung in den Westen beginnen, ohne auf Vorbehalte zu treffen. Die von Gustav Heinemann und Helene Wessel in der Opposition zur Westorientierung gegründete Gesamtdeutsche Volkspartei erreichte bei der Bundestagswahl 1953 nur einen Stimmenanteil von 1,2 Prozent und löste sich noch vor der Wahl von 1957 selbst auf; wenig später schwenkte auch die SPD auf den Kanzlerkurs ein. Vor allem konnte Adenauer sein Herzensanliegen, die Aussöhnung mit dem einstigen »Erbfeind« Frankreich, ins Werk setzen.

Die DDR, da sie auf wirtschaftlichem Felde stets und mit wachsendem Abstand der zweite Sieger blieb, besaß zu ihrer Rechtfertigung überhaupt nichts als ihr nach Westen gerichtetes Feindbild vom imperialistischen und faschistischen Klassenfeind. Darum war sie verloren, als die Fronten des Kalten Krieges sich auflösten. Das Feindbild begründete auch harte Maßnahmen, von der Erziehungsdiktatur gegenüber einer für die Lockungen des Westens anfälligen Bevölkerung bis zum Bau des »antifaschistischen Schutzwalls« quer durch Berlin und durch Deutschland. Und weil in dem Feindbild trotz aller Mängel des real existierenden Sozialismus doch die Utopie von der guten und gerechten Gesellschaft aufbewahrt schien, besaß der »erste sozialistische Staat auf deutschem Boden« zumindest zeitweilig eine gewisse Anziehungskraft. Nur so ist es zu verstehen, daß bedeutende Schriftsteller aus dem westlichen Exil nicht in die Bundesrepublik, sondern in die DDR heimkehrten. Man denke an Arnold Zweig, Bertolt Brecht, Anna Seghers oder Stefan Heym. Man mag diese Frauen und Männer tadeln, weil sie Träumer waren. Aber sie träumten von der besseren Zukunft.

Inzwischen leben wir in einer verwandelten Welt. Als in der Nacht des 9. November 1989 die Berliner Mauer sich öffnete, kannte der Jubel kaum Grenzen. Unbekannte schlossen einander in die Arme, Tränen der Rührung flossen, »Wahnsinn« hieß das Wort der Stunde, und der Regierende Bürgermeister von Berlin erklärte das deutsche Volk zu dem glücklichsten auf der Welt, das es tatsächlich war. Kein Jahr verging bis zur Wiedervereinigung, an die fast niemand mehr geglaubt hatte und deren rascher Vollzug immer neu das Staunen weckte.

Doch fast noch rascher schlug die Stimmung um, in Verdrossenheit, Anklagen, Schuldzuweisungen und Depressionen, und der denkwürdige deutsche Herbst des Jahres 1989 scheint inzwischen so fern, als erzähle die Großmutter ein Märchen: Es war einmal ...

Woran liegt das? Stammte dieser Wandel zum Düsteren etwa daher, daß wir unversehens unsere Feindbilder verloren haben, als Konservative und als Linke gleichermaßen? »Wir sind von Freunden *umzingelt*«: So hat Außenminister Kinkel den Sachverhalt formuliert. Ohnehin drängt, wieder einmal, Sarkasmus sich auf: Wer in das Stimmengewirr der letzten fünf Jahre hineinhört, der gewinnt bisweilen den Eindruck, als klaube jeder aus den Trümmern geborstener Säulen sein rettendes Stück und trage es spazieren wie ein Souvenir von der Berliner Mauer: Rette den Feind, wer kann, jeder den seinen!

Der erfundene Feind

In seinem Buch »Mein Kampf« schildert Hitler, wie er als verwundeter Soldat im Lazarett von Pasewalk vom Umsturz des 9. November 1918 erfuhr und wie er reagierte:

»Elende und verkommene Verbrecher! – Je mehr ich mir in dieser Stunde über das ungeheure Ereignis klarzuwerden versuchte, um so mehr brannte mir die Scham der Empörung und der Schande in der Stirn ... – Kaiser Wilhelm II. hatte als erster deutscher Kaiser den Führern des Marxismus die Hand zur Versöhnung gereicht, ohne zu ahnen, daß Schurken keine Ehre besitzen. Während sie die kaiserliche Hand noch in der ihren hielten, suchte die andere schon nach dem Dolche. – Mit dem Juden gibt es kein Paktieren, sondern nur das harte Entweder-Oder. – Ich aber beschloß, Politiker zu werden.«*

Es wirkt verständlich, daß jemand sich zum Retter aus der Not stilisiert, der eine Massenbewegung entfesseln will, um sich von ihr an die Macht tragen zu lassen. Alle Demagogen, gleich ob die politischen oder die religiösen, handeln nach dem Rezept, daß man den Teufel erfinden muß, um von ihm zu erlösen. Doch wie kommt hier plötzlich »der Jude«

ins Spiel? War etwa der Führer der Sozialdemokraten, Friedrich Ebert, dem der letzte kaiserliche Kanzler, Prinz Max von Baden, die Regierungsgeschäfte übergab, ein Jude? Oder was hatte die Matrosenrevolte, die den Umsturz auslöste, mit Juden zu tun? Beherrschten sie die nun überall gewählten Arbeiter- und Soldatenräte? Wohl gab es einflußreiche jüdische Wirtschaftsführer wie Walther Rathenau. Der allerdings hatte die Rohstoffbewirtschaftung organisiert, die das Durchhalten im Krieg erst ermöglichte. Und noch im Oktober 1918 hatte Rathenau angesichts der drohenden Niederlage zu einem verzweifelten Volkskrieg, zur patriotischen »levée en masse« aufgerufen – was ihm den Zorn der kriegsmüden Massen und den Spottnamen eines »Massen-Levi« eintrug.*

Im Grunde gab es für Hitler sehr viele Feinde: die parlamentarische Demokratie und die Parteien, die sie trugen, den Liberalismus in jeder seiner Erscheinungsformen, den Rechtsstaat und die Gewaltenteilung, die Freiheit des Geistes, jede unabhängige Publizistik und Presse, den Marxismus und eine von ihm geprägte Arbeiterbewegung, die Gewerkschaften und die Kirchen, insgeheim sogar den Reichspräsidenten und die Reichswehr, kurz alle Kräfte und Institutionen, die dem »Führerprinzip« und der Diktatur im Weg waren. In dieser langen Kette von Feinden bildete »der Jude« das schwächste und eigentlich das unverständlichste Glied. Denn vielleicht trug der Mann aus Österreich ja wirklich, wie

Sebastian Haffner gesagt hat, seinen Judenhaß »von Anfang an wie einen angeborenen Buckel mit sich herum«*. Doch warum beharrte er darauf, ihn zu zeigen? Oft genug hat er später bewiesen, zu welch unerwarteten Wendungen er fähig war, wenn er sie für nützlich hielt. Selbst viele seiner Anhänger haben diesen Antisemitismus nicht ernst genommen – und viele der Juden auch nicht, die sich als Deutsche fühlten und an ihr Vaterland klammerten, bis es zu spät war.

Aber Hitler war der große Künstler, das deutsche Genie, wenn es darum ging, den Feind zu erfinden, auf den es ankam. Dazu brauchte man nicht viele Gestalten, dazu taugte nur die eine und einzige. In »Mein Kampf« wird das zynisch ausgesprochen:

»Überhaupt besteht die Kunst aller wahrhaft großen Volksführer zu allen Zeiten in erster Linie mit darin, die Aufmerksamkeit eines Volkes nicht zu zersplittern, sondern immer auf einen einzigen Gegner zu konzentrieren. Je einheitlicher dieser Einsatz des Kampfwillens eines Volkes stattfindet, um so größer wird die magnetische Anziehungskraft einer Bewegung sein, und um so gewaltiger die Wucht des Stoßes. Es gehört zur Genialität eines großen Führers, selbst auseinanderliegende Gegner immer als nur zu einer Kategorie gehörend erscheinen zu lassen, weil die Erkenntnis verschiedener Feinde bei schwächlichen und unsicheren Charakteren nur zu leicht zum Anfang des Zweifels am eigenen Rechte führt. – Sobald die schwankende Menge sich im

Kampf gegen zu viele Feinde sieht, wird sich sofort die Objektivität einstellen und die Frage aufwerfen, ob wirklich alle anderen Unrecht haben und nur das eigene Volk oder die eigene Bewegung allein sich im Rechte befinde? – Damit aber kommt auch schon die erste Lähmung der eigenen Kraft. Daher muß eine Vielzahl von innerlich verschiedenen Gegnern immer zusammengefaßt werden, so daß in der Einsicht der Masse der eigenen Anhänger der Kampf nur gegen einen Feind allein geführt wird. Dies steigert den Glauben an das eigene Recht und die Erbitterung gegen den Angreifer auf dasselbe.«*

Tatsächlich stellt Objektivität für den Haß eine Gefahr dar, und leibhaftige Juden wirken nur störend, weil man sie als Menschen wie du und ich entdecken und mögen könnte.* Daher ging es in den ersten Jahren nach 1933 zunächst einmal darum, die Juden in die Absonderung und zur Emigration zu drängen. Was blieb und was zählte, war dann »der Jude« als Mythos, als ein Produkt des Wahns, als *der erfundene Feind*.

Heute wundert man sich über einen Antisemitismus ohne Juden, aber der Sachverhalt ist keineswegs neu. Der Haß geht von Bildern und Vorstellungen aus, nicht von einer vielschichtigen oder gar widersprüchlichen Realität, und im Verfolgungswahn des Antisemiten kommt es niemals auf den wirklichen Juden an, sondern immer auf den eigenen Aberwitz, der sich seine Gespenster schafft. Ohnehin wird unterstellt, daß der Feind Masken trägt. Auch wenn man ihn nicht sieht, steckt er hinter der westlichen »Plutokratie« ebenso wie hinter dem Kommunismus, hinter Aufklärung und Weltoffenheit, hinter »zersetzender« Kunst und Literatur, hinter den Fremden, die zu uns drängen. So kann man verschiedene Gegner bekämpfen und sich dennoch auf den einen und einzigen Feind konzentrieren.

Daß man die Juden zum Feind erkor, hatte verschiedene Gründe. Erstens lebten sie so weit verstreut wie keine andere Menschengruppe. Ebenso streuten die Berufe oder Rollen sehr weit, in denen sie hervortraten. Daher entdeckte man überall jemanden, den man zum »Beweis« der eigenen Behauptungen nennen konnte. War nicht der Bankier Rothschild ebenso ein Jude wie Marx? Gab es etwa keine jüdischen Literaten und Künstler? Zweitens war es möglich, alte Vorurteile zu mobilisieren, so daß man erwarten durfte – wie sich zeigte mit Recht –, daß die Verfolgung der Juden wenig Widerstand wecken würde. Und wenn die Juden über unheimliche Mächte verfügten, konnte man, drittens, ihre Vernichtung zu einem heroischen Weltenkampf stilisieren – während man insgeheim doch wußte, daß es sich um eine wehrlose Minderheit handelte.

Es mag dahingestellt bleiben, wie weit Hitler und seinen Gefolgsleuten bewußt war, daß sie vom erfundenen statt vom wirklichen Feind sprachen. Doch es bleibt nicht aus, daß eine unermüdlich hämmernde Propaganda auf ihre Urheber zurückschlägt. Glaubwürdig wirkt am Ende nur, was man sich selber als den Glauben, als »Weltanschauung« einredet; der Wahn, den man für andere erzeugt, gewinnt magische Macht über die eigenen Vorstellungen. Langsam, aber unaufhaltsam treibt die Feinderklärung dem Äußersten zu, der Vernichtung – und dies um so dringender, je deutlicher man vor die eigene Niederlage gerät. Wird nicht das Schicksal sich wunderbar wenden, sofern man den mythischen Urfeind vernichtet? Es ist kaum ein Zufall, daß die »Endlösung der Judenfrage« beschlossen wurde, als sich abzeichnete, daß der Krieg verloren war, den man siegesgewiß eröffnete.*

Am Anfang steht jedoch keineswegs ein Plan zur Vernichtung, sondern die Erzeugung des Feindes. Man erfindet ihn, weil man ihn braucht. Wenn ich unsicher bin, wenn ich nicht weiß, wohin ich gehöre, was meine Identität ausmacht und wofür sich mein Leben lohnt, dann hilft das Wogegen. Der Feind erweist seine rettende Bedeutung. Indem ich ihn bekämpfe, schafft er mir selber Bedeutung. Ich erkenne, wofür oder vielmehr wogegen ich einstehe. Meine Bodenlosigkeit gewinnt ihren Boden. »Indem ich mich des Juden erwehre, kämpfe ich für das Werk des Herrn«, heißt es bei Hitler.* In einer Theologie ohne Gott aber stellt sich das Heil als Erlösung vom innerweltlichen Unheil dar. Welch eine Chance, dem Leben wenigstens negativ einen Sinn zu geben, aus dem Kampf, der zum Selbstzweck gerät! Noch einmal Adolf Hitler:

»Die Bewegung hat grundsätzlich ihre Mitglieder so zu erziehen, daß sie im Kampfe nicht etwas lästig Auferzogenes, sondern das selbst Erstrebte erblikken. Sie haben die Feindschaft mithin nicht zu fürchten, sondern als Voraussetzung zur eigenen Daseinsberechtigung zu empfinden. Sie haben den Haß der Feinde unseres Volkstums und unserer Weltanschauung und seine Äußerungen nicht zu scheuen, sondern zu ersehnen.«* Die Sprache mag schwülstig sein, aber die Sache, um die es geht, läßt sich klarer kaum darstellen.

Wenn man sich überdies noch einredet, daß es sich um einen Kampf auf Leben und Tod handelt, dann wächst dem Einsatz ein besonderer Glanz zu: der Idealismus des Selbstopfers. Man tritt ein ins heroische Leben, und wer es verliert, den umscheint die Glorie des Helden. In solchem Sinne hat Ernst Jünger im Jahre 1932 gesagt: »Der Mensch entfaltet seine höchste Kraft, entfaltet Herrschaft überall dort, wo er im Dienste steht. Es ist das Geheimnis der echten Befehlssprache, daß sie nicht Versprechungen macht, sondern Forderungen stellt. Das tiefste Glück des Menschen besteht darin, daß er geopfert wird, und die höchste Befehlskunst darin, Ziele zu zeigen, die des Opfers würdig sind.«* Das erwies sich durchaus nicht als Wahn – oder wenn es denn einer war, als der schreckensvoll wirksame.

Wahrlich, Hitler wußte, wozu er die Deutschen aufrief und was ihn zum erlösenden FÜHRER bestimmte bis in den Tod.

Der Feind als Begründer unserer politischen Existenz: Carl Schmitt

Carl Schmitt wurde 1888 im sauerländischen Plettenberg geboren. Er gilt hierzulande als der bekannteste, wenn nicht gar als der bedeutendste Staatsrechtslehrer des 20. Jahrhunderts, und dabei wird es wohl bleiben. Denn noch immer oder bereits wieder findet er viele Bewunderer und Nachredner. Mehr noch bleibt er allerdings umstritten, weil er der Gewaltherrschaft diente. 1933 hat er sich, unter Verdrängung eines Kollegen, auf einen repräsentativen Lehrstuhl der Berliner Universität berufen und von Hermann Göring zum preußischen Staatsrat ernennen lassen. 1934 hat er Hitlers erste unverhohlene Mordserie – in der sogenannten Röhmaffäre – unter dem elenden Titel »Der Führer schützt das Recht« mit seiner Weihe versehen. Sogar die Verfemung der Juden hat er nicht gescheut. Erst verspätet und eher ungewollt ist er ins Abseits des Dritten Reiches geraten.

Doch was besagt das im Rückblick? Stellt Charakterfestigkeit nicht stets die Ausnahme und Opportunismus die Regel dar? Ohnehin waren nach 1933 das Reden und das Schweigen kaum mehr wichtig; die einmal durchgesetzte Gewaltherrschaft konnte nur Gewalt wieder stürzen. Wirklich wichtig waren aber die Jahre davor, in der Weimarer Republik, als noch nichts entschieden schien. In dieser Zeit, zwischen 1919 und 1932, hat Schmitt seine politisch wichtigsten Schriften veröffentlicht; *damals* ist er zum Wegbereiter des Unheils geworden. Denn nach Kräften hat er daran mitgewirkt, liberalen Traditionen und dem Parlamentarismus Abbruch zu tun. Vor allem hat er dem Mythos vom Feind zu Ansehen verholfen – und er hat das mit Brillanz getan. Seine Eröffnungen sind mit Recht berühmt:

»Die eigentliche politische Unterscheidung ist die Unterscheidung von Freund und Feind. Sie gibt menschlichen Handlungen ihren politischen Sinn; auf sie führen schließlich alle politischen Handlungen und Motive zurück. Sie ermöglicht infolgedessen auch eine Begriffsbestimmung im Sinne eines kennzeichnenden Merkmals, eines Kriteriums. Insofern sie nicht aus anderen Merkmalen ableitbar ist, entspricht sie für das Politische den relativ selbständigen Merkmalen anderer Gegensätze: Gut und Böse im Moralischen, Schön und Häßlich im Ästhetischen, Nützlich und Schädlich im Ökonomischen ... Die Unterscheidung von Freund und Feind bezeichnet die äußerste Intensität einer Verbindung und Trennung. Sie kann theoretisch und praktisch bestehen, ohne daß gleichzeitig alle jene moralischen, ästhetischen, ökonomischen oder sonstigen Unterscheidungen zur Anwendung kommen müßten. Der politische Feind braucht nicht moralisch böse, er braucht nicht ästhetisch häßlich zu sein; er muß nicht als wirtschaftlicher Konkurrent auftreten, und es kann vielleicht sogar vorteilhaft und rentabel scheinen, mit ihm Geschäfte zu machen. Er bleibt aber ein *Anderer*, ein *Fremder*.«*

Es ist nur folgerichtig, wenn es dann heißt: »Die Höhepunkte der großen Politik sind zugleich die Augenblicke, in denen der Feind in konkreter Deutlichkeit als Feind erblickt wird.«* Und solch eine »große« Politik drängt ihrem Wesen nach zum Äußersten, zum Kampf auf Leben und Tod bis zur Vernichtung. Denn »die Worte Freund und Feind sind hier in ihrem konkreten, existentiellen Sinn zu nehmen, nicht als symbolische oder allegorische Redensarten, nicht vermischt oder abgeschwächt durch wirtschaftliche, moralische und andere Vorstellungen ...«*

»Zum Begriff des Feindes gehört die im Bereich des Realen liegende Eventualität eines bewaffneten Kampfes, das bedeutet hier eines Krieges ... Der Krieg folgt aus der Feindschaft, denn diese ist seinsmäßige Negierung eines anderen Seins. Krieg ist nur die äußerste Realisierung der Feindschaft.«* – »Auch heute noch ist der Krieg der ›Ernstfall‹. Man kann sagen, daß hier, wie auch sonst, gerade der Ausnahmefall eine besonders entscheidende Bedeutung hat und den Kern der Dinge enthüllt. Denn erst im Krieg zeigt sich die äußerste Gruppierung nach Freund und Feind. Von dieser äußersten Möglichkeit her gewinnt das Leben der Menschen seine spezifisch politische Spannung.«*

Wie von selbst stellt sich in solcher Perspektive die Weimarer Republik – da sie weder zum Kriegführen fähig war, noch ein Feindbild besaß – als verächtlich dar. Verachtung erst recht muß angebliche »Erfüllungspolitiker« wie Walther Rathenau und Matthias Erzberger strafen – die dann ja auch ermordet wurden. Und was erst soll man von Gustav Stresemann halten, der mit all seiner Kraft die Verständigung mit dem früheren Feind suchte? Wuchs er damit zu einem Staatsmann von Format oder verkam sein Handeln zum Zerrbild guter Politik?

Offenbar geht es bei Schmitt selbst um eine wahnhafte Verzerrung, um eine Verwechslung nicht nur von Regel und Ausnahme, sondern um eine Verkennung des Politischen überhaupt. Gerade »große« und geduldige, obschon unaufgeregte und im Alltag oft unscheinbare Politik will den Rechtsfrieden nach innen und den Frieden nach außen bewahren; sie sucht nach einem Ausgleich sei es noch so widerstreitender Interessen. Kommt es dennoch zum Krieg, so wird die Politik nicht mit anderen Mitteln fortgesetzt, sondern sie hört erst einmal auf. Sie sieht sich zum Schweigen verurteilt, weil die Waffen sprechen, und nur zu leicht bleiben zivile Staatsmänner in den Schatten der Militärs verbannt – so wie es im Ersten Weltkrieg verhängnisträchtig der Fall war. Nur ein Mann vom Format Bismarcks konnte 1866 – im schweren Konflikt mit den Generalen und seinem König – den Abbruch des Krieges gegen Österreich durchsetzen und der Politik wieder das Wort geben.

Die Kräfte, die sich im Feld des Politischen bewegen, gleich ob Verbände, Parteien oder Staaten, mögen im Einzelfall oft harte Gegner sein. Aber solange sie miteinander reden und nach dem Ausgleich suchen, bleiben sie vom »existentiellen« Freund-Feind-Verhältnis durch Welten geschieden. Für Schmitt jedoch zeigt sich in dem Beharren beim Reden bloß der Selbstbetrug des Liberalismus. Denn der »hat in einem für ihn typischen Dilemma von Geist und Ökonomik den Feind von der Geschäftsseite her in einen bloßen Konkurrenten, von der Geistseite her in einen bloßen Diskussionsgegner aufzulösen versucht...«* Und wie »der Liberalismus in jeder Einzelheit diskutiert und transigiert, so möchte er auch die politische Wahrheit in eine Diskussion auflösen. Sein Wesen ist Verhandeln, abwartende Halbheit, mit der Hoffnung, die definitive Auseinandersetzung, die blutige Entscheidungsschlacht könnte in eine parlamentarische Debatte verwandelt werden und ließe sich durch ewige Diskussion ewig suspendieren.«*

Im übrigen setzt Schmitt ganz ausdrücklich auf die Ausnahme. Sie »ist interessanter als der Normalfall. Das Normale beweist nichts, die Ausnahme beweist alles; sie bestätigt nicht nur die Regel, die Regel lebt überhaupt nur von der Ausnahme. In der Ausnahme durchbricht die Kraft des wirklichen Lebens die Kruste einer in Wiederholung erstarrten Mechanik.«*

Der Verdacht drängt sich auf, daß auch hier ein politischer Hintersinn im Spiel ist. Denn der Ausnahmefall oder Ausnahmezustand entmachtet die Parlamente; es schlägt, wie man gesagt hat, »die Stunde der Exekutive«. Wird gar die Ausnahme selbst zur begründeten Norm erhoben, so schlägt die Stunde der Diktatur.*

Offenbar geht es im liberalen Verständnis von Politik und in dem von Carl Schmitt um unversöhnbare Gegensätze. Läßt man sich auf Schmitt aber ein, so entsteht eine weitere und grundlegende Frage: Wie findet man eigentlich den Feind? Was macht eine Gruppe oder eine Nation zum Inbegriff der existentiell »Anderen« und »Fremden«, wenn moralische, wirtschaftliche oder sonstige Gesichtspunkte keine Rolle spielen? Schmitt selbst spitzt die Frage zu, wenn er sagt: »Der Krieg, die Todesbereitschaft kämpfender Menschen, die physische Tötung von anderen Menschen, die auf der Seite des Feindes stehen, alles das hat keinen normativen, sondern nur einen existentiellen Sinn, und zwar in der Realität einer Situation des wirklichen Kampfes gegen einen wirklichen Feind, nicht in irgendwelchen Idealen, Programmen oder Normativitäten.«* Oder noch knapper und schärfer: »Ein Krieg hat seinen Sinn nicht darin, daß er für Ideale oder Rechtsnormen, sondern darin, daß er gegen einen wirklichen Feind geführt wird.«*

Damit stellt sich die Frage erst recht: Wie finden wir unseren Feind? Schmitts Analyse blendet mit dem Anschein von kalter Klarheit und Konsequenz, aber sie schlägt um ins schlechthin Irrationale. Wenn es nämlich keine moralischen oder sonstigen Wegweiser gibt, um den Feind zu finden, dann bleibt uns nur, ihn zu erfinden. Etwas anderes gibt es nicht: Er ist der Mythos, den wir von ihm uns erschaffen.

Mit diesem Mythos vom Feind erschaffen wir politisch uns selbst, den Mythos einer zum Kampf verschworenen Gemeinschaft. Es wird kenntlich, wer Freund ist und wer nicht. Auch der innere Feind wird als der Handlanger des äußeren erkennbar, und weil es ums Äußerste, ums Existentielle, um Sein oder Nichtsein geht, muß er existentiell behandelt, das heißt vernichtet werden. Zum Diskutieren und Streiten im Parteien-»Hader« bleiben weder Raum noch Rechtfertigung. »Für das Vaterland beide Hände, aber nichts für die Parteien«, stand, wie von Carl Schmitt auserwählt, auf der Gedenkmünze geschrieben, die 1925 nach der Wahl Hindenburgs zum Reichspräsidenten geprägt wurde, als Ausspruch des Geehrten, der es wert schien, den Kindern und Enkeln überliefert zu werden.

Der Feind als ein Mythos, den wir uns erfinden und mit dem wir selbst uns politisch erschaffen, die pure Irrationalität: Schmitt bestätigt den Sachverhalt, wenn er sagt, die Feststellung des Feindes sei Sache einer souveränen Entscheidung. Und dabei gilt: »Die Entscheidung ist, normativ gesehen, aus dem Nichts geboren.«* Folgerichtig erscheint nicht das inhaltliche Wofür oder Wogegen, sondern die Entscheidung selbst als wertvoll, »weil es gerade in den wichtigsten Dingen wichtiger ist, daß entschieden werde, als wie entschieden wird«*. Schmitt scheut sogar vor einem bizarren Beispiel nicht zurück, wenn er das liberale Bürgertum anklagt, daß es in seiner Flucht vor der Entscheidung auf die Pilatusfrage: Barabas oder Christus? mit der Einsetzung einer Untersuchungskommission antworten würde.*

Besagt das nicht, daß man im Entweder–Oder, im trüben Zusammenspiel zwischen einer Laune des Machthabers und dem – womöglich zum Zweck organisierten – Geschrei des Pöbels, dem angeblich »gesunden Volksempfinden«, kurzen Prozeß machen soll? »Kreuzige, kreuzige ihn«: Lynchjustiz statt Recht? Wäre es nicht doch angemessener, tatsächlich eine Untersuchungskommission einzusetzen, um Schuld oder Unschuld zu ergründen, oder ein ordentliches Gerichtsverfahren zu beginnen, mit Revisionsmöglichkeiten Schritt um Schritt durch die Instanzen hindurch?

Schmitt beschreibt das Zusammenspiel von »oben« und »unten«, wenn er eine wahre Demokratie von der liberalen abspaltet: »Volk ist ein Begriff des öffentlichen Rechts. Volk existiert nur in der Sphäre der Publizität. Die einstimmige Meinung von 100 Millionen Privatleuten ist weder Wille des Volkes, noch öffentliche Meinung. Der Wille des Volkes kann durch Zuruf, durch acclamatio, durch selbstverständliches unwidersprochenes Dasein ebensogut oder noch besser demokratisch geäußert werden als durch den statistischen Apparat, den man seit einem halben Jahrhundert mit einer so minutiösen Sorgfalt ausgebildet hat. Je stärker die Kraft des demokratischen Gefühls, um so sicherer die Erkenntnis, daß Demokratie etwas anderes ist als ein Registriersystem geheimer Abstimmungen. Vor einer, nicht nur im technischen, sondern auch im vitalen Sinne unmittelbaren Demokratie erscheint das aus liberalen Gedankengängen entstandene Parlament als eine künstliche Maschinerie, während diktatorische und cäsaristische Methoden nicht nur von der acclamatio des Volkes getragen, sondern auch unmittelbare Äußerungen demokratischer Kraft und Substanz sein können.«*

Die Frage ist freilich, ob diese Überführung der Willensentscheidung in den Raum der »Öffentlichkeit« nicht auf Vernichtung der Öffentlichkeit im Sinne unabhängiger Äußerungen und freier Meinungsbildung zielt. Wer darf ein Abweichen noch wagen? Hat die Verkehrung der parlamentarischen in die »wahre« Demokratie womöglich den Hintersinn, den Massen, vor denen man sich fürchtet, jeden Einfluß zu entziehen und den parlamentarischen Ausgleich durch die Entscheidung von oben zu ersetzen, die in die Hände der traditionellen Elite – oder eines selbsternannten Führers gelegt wird? Wie der Zuruf, die acclamatio von 100 Millionen Menschen praktisch aussehen soll, bleibt ohnehin ein Geheimnis, das sich nur in den Jubelparaden totalitärer Regime auflöst. Zum Problem von Volksentscheiden hießt es bei Schmitt:

»Es liegt in der Natur der Sache, daß Plebiszite nur augenblicksweise und intermittierend veranstaltet werden können ... Das Volk kann nur Ja und Nein sagen; es kann nicht beraten, deliberieren oder diskutieren; es kann nicht regieren und nicht verwalten; es kann auch nicht normieren, sondern nur einen ihm vorgelegten Normierungsentwurf durch sein Ja sanktionieren. Es kann vor allem auch keine Frage stellen, sondern nur auf eine ihm vorgelegte Frage mit Ja oder Nein antworten ... Infolge dieser Abhängigkeit von der Fragestellung setzen alle plebiszitären Methoden eine Regierung voraus, die nicht nur Geschäfte besorgt, sondern auch Autorität hat, die plebiszitären Fragestellungen im richtigen Augenblick richtig vorzunehmen. Die Frage kann nur von oben gestellt werden, die Antwort nur von unten kommen. Auch hier bewährt sich die Formel des großen Verfassungskonstrukteurs Sieyès: Autorität von oben, Vertrauen von unten.«* – Diese Sätze stammen aus dem Jahre 1932, und sie weisen voraus auf die kommenden Dinge.

Um zusammenzufassen: Der Begriff des Politischen, der aus dem Freund-Feind-Verhältnis begründet werden soll, hält nüchterner Prüfung nicht stand. Er entlarvt sich als Mythologie. Denn der Feind ist, wen wir uns dazu erfinden. Dies allerdings hat Carl Schmitt mit seltener Klarheit und Konsequenz sichtbar gemacht. Nicht zuletzt mit dem Einfluß, den er damit gewann, stellt er sich dar als der Künder eines Wahns – oder, anders und schärfer gesagt: als der Schreibtischtäter des deutschen Unheils.

Für die Gegenwart aber und noch mehr für die Zukunft wächst eine Beunruhigung: Was folgt, wenn es noch immer oder bereits wieder so viele Bewunderer und Nachredner des Professors aus Plettenberg gibt?

Die Feiern des Todes: Ernst Jünger

Es lohnt sich, im märkischen Hohenfinow, unweit von Eberswalde, den Dorffriedhof zu besuchen. Denn da »ruhet in Gott«, aber sonst fast vergessen, der Schicksalskanzler des Kaiserreiches, Theobald von Bethmann-Hollweg. Daneben sind die meisten Gräber und Kreuze im wuchernden Efeu versunken. Doch ein Gedenkstein steht noch aufrecht, auf dem man mit Mühe entziffert, daß es sich um die Ruhestätte des »Bauerngutsbesitzers« Christian Bisdorf handelt, der von 1793 bis 1860 gelebt hat. Seltsam wirkt, was auf dem Sockel zu lesen ist:

Ich war mit Gott
von 1813–1815.

Und mit wem waren die anderen, die der Krieg verschlang? Aber sehr selbstbewußt will Christian Bisdorf offenbar sagen: Ich war dabei in der großen Zeit, ich habe mit Blücher gegen Napoleon gekämpft von der Katzbach bis Waterloo, und ich habe überlebt.

Um gerecht zu sein, muß man hinzufügen: Wer sich an die Überlebenden oder die Toten des Krieges erinnern wollte, mußte es privat und persönlich tun; das öffentliche Heldengedenken war noch kaum in

Mode gekommen. Die große Zeit der Namenstafeln auf Ehrenmalen oder in Kirchen und Rathäusern begann erst nach dem Reichsgründungskrieg von 1870/71; sie erreichte ihre Höhe nach dem Ersten Weltkrieg. Entsprechend die Gedenkvereine: 1873 entstand der Deutsche Kriegerbund, dem zur Jahrhundertwende der Kyffhäuserbund folgte. Im Jahre 1921 schlossen sich beide zum Deutschen Reichskriegerverbund Kyffhäuser zusammen – in 42 000 Vereinen mit über vier Millionen Mitgliedern.

Man sagt dem modernen Menschen nach, daß er den Anblick des Letzten nicht mehr ertrage und es zunächst den Fachleuten in der Klinik, dann den Beerdigungsunternehmen zuschiebe. Womöglich stammt gerade daher der Drang, den Tod ins Mythische zu überhöhen. Ganz gewiß und erst recht gilt das für den modernen Kriegstod. Überall wurde er bekränzt und gefeiert, in Bronze gegossen oder in den Granit gemeißelt* – obwohl doch oder weil in den Schlachten des Ersten Weltkriegs der heroische Sturmangriff rasch zur Ausnahme und das pure Verbrauchen von Menschen-»Material« zur Regel geriet. Das Sterben stellte sich verlaust und verdreckt dar, im Schlamm der Schützengräben und Granattrichter, als elendes Zerreißen der Leiber unter gezacktem Eisen oder als Ersticken in den Wolken von Giftgas. Allenfalls der Kult des unbekannten Soldaten samt »ewiger« Flamme, wie er sich nach dem Krieg vor allem in Frankreich und England entwickelte, macht hinterrücks als Wahrheit sichtbar, daß das Massensterben so viele unkenntlich verstümmelte.

Und wie war das im Zweiten Weltkrieg, als die Zeit der Blitzsiege endete, wie im russischen Winter vor Moskau, bei Stalingrad? Am Ende verkehrte sich der Sinn aller Tapferkeit ins Sinnlose. Denn statt – wie es hieß – Frauen und Kinder in der Heimat zu schützen, trug das Ausharren dazu bei, sie von Hamburg bis Dresden den vernichtenden Feuerstürmen preiszugeben – wie andere Frauen und Kinder der Vernichtung in Auschwitz. Aber ist bei Gedenk- und Versöhnungsfeiern davon die Rede?

Im »Deutschen Schwur«, den Rudolf Alexander Schroeder 1914 verfaßte, heißt es:

> »Bei den Sternen steht,
> was wir schwören;
> der die Sterne lenkt,
> wird uns hören.
> Eh der Fremde dir
> deine Krone raubt,
> Deutschland, fallen wir
> Haupt bei Haupt.«*

Der Germanist Albrecht Schöne hat das kritisch kommentiert: »Erst werden wir fallen, dann wird er (der Feind) dir die Krone rauben. Und so geschieht es ja auch. Wider den Willen des Autors sagt der Vers die Wahrheit. Nur geschieht es nicht ›Haupt bei Haupt‹; das Sterben, das hier ins Feierlich-Würdige verharmlost wird, trifft in Wahrheit nicht mehr das enthusiastische ›Wir‹, sondern grauenvoll und schrecklich jeden einzelnen. Unbeschadet aller subjektiven Aufrichtigkeit des Autors, erweist sein Lied sich als trügerisches, ja verlogenes Machwerk.«* Aber wieder und wieder wurde dieses Lied bereits in den Schulen gelernt, aufgesagt und vor allem gesungen; seit 1933 haben die Nationalsozialisten es als das ihre erkoren. Denn es bildete, wie Schöne sagt, »ein frühes und vollkommenes Beispiel für die außerordentliche Verführungs- und Überwältigungskraft dieser Poesie«.

Natürlich gab es Versuche, den Krieg so darzustellen, wie er wirklich war. Schon 1918 erschien »Das Feuer«, die Übersetzung des französischen Buches »Le Feu« von Henri Barbusse, den sein Erlebnis der Materialschlachten zum Pazifisten gemacht hatte, und 1929 folgte »Im Westen nichts Neues« von Erich Maria Remarque. Doch solche Ausnahmen bestätigen die ganz andere Regel: »Das Publikum (der Weimarer Republik) liest Hermann Löns, Walter Flex, Hans Carossa, vor allem aber Felix Luckners ›Seeteufel‹, Gustav Frenssens ›Jörn Uhl‹, Werner Beumelburgs ›Gruppe Bosemüller‹, Gorch Focks ›Seefahrt ist not!‹, Hans Grimms ›Volk ohne Raum‹ oder Clara Viebigs ›Wacht am Rhein‹ – eine Mischung aus gemütvoller Innerlichkeit und nationalpathetischem Kriegserlebnis, stilistisch epigonal bis belanglos.«*

Alle Versuche, aus den Schrecken des Krieges Konsequenzen des Friedens zu ziehen, weckten

Empörung und Haß. Denn man hätte Einsicht zeigen, hätte den Mythos vom heldischen Tod als einen Wahn erkennen und verabschieden müssen. Kein Zufall war es daher, daß Remarque die Ehre zuteil wurde, bei den Bücherverbrennungen von 1933 auf den Scheiterhaufen gerufen zu sein: »Gegen den literarischen Verrat am Soldaten des Weltkrieges, für Erziehung des Volkes im Geiste der Wehrhaftigkeit! Ich übergebe dem Feuer die Schriften von Erich Maria Remarque.« Dem Vertreter eines ethischen Pazifismus erging es nicht besser: »Gegen Gesinnungslumperei und politischen Verrat, für Hingabe an Volk und Staat! Ich übergebe dem Feuer die Schriften von Friedrich Wilhelm Foerster.«*

Wohl niemand hat den deutschen Todesmythos so eindrucksvoll und einflußreich dargestellt wie Ernst Jünger. Als vielfach verwundeter und hochdekorierter Frontoffizier ausgewiesen, schrieb er 1930: »Unsere Hoffnung weilt bei denen, die zu früh in die elementare Zone des Feuers verschlagen wurden, als daß sie die Ideale jener geistigen Oberkellner noch zu blenden vermöchten, durch die heute das öffentliche Gesicht des Landes bestimmt wird. Nur dort, im Angesicht des Todes, war es möglich, daß die germanische Unschuld sich in den Herzen der Besten erhielt ... Denn tief stieg der deutsche Mensch ... in die Zone des Chaos hinab. Mag sein Kampf von dieser Oberfläche der Barbusses und Rathenaus aus als zwecklos, als ›sinnlos‹ erscheinen –, was kümmert das *uns*? In der Tiefe des Kraters besitzt der Krieg einen

Sinn, den keine Rechenkunst zu erzwingen vermag. Diesen erahnte der Jubel der Freiwilligen, in dem die Stimme des deutschen Dämons gewaltig zum Ausdruck kam, und in der sich der Überdruß an den alten Werten mit der unbewußten Sehnsucht nach einem neuen Leben verband.«*

Das wahrhafte Leben offenbart und erfüllt sich vom Tod her; in seinem Angesicht, in Feuertaufe und Schlachtensturm, gerät es an sein Äußerstes, zur Ekstase: »Dieser Zustand des Heiligen, des großen Dichters und der großen Liebe ist auch dem großen Mute vergönnt. Da reißt Begeisterung die Männlichkeit so über sich hinaus, daß das Blut kochend gegen die Adern springt und glühend das Herz durchschäumt. Das ist ein Rausch über allen Räuschen, Entfesselung, die alle Bande sprengt. Es ist eine Raserei ohne Rücksicht und Grenzen, nur den Gewalten der Natur vergleichbar. Das ist der Mensch wie der brausende Sturm, das tosende Meer und der brüllende Donner. Dann ist er verschmolzen ins All, er rast den dunklen Toren des Todes zu wie ein Geschoß dem Ziel. Und schlagen die Wellen purpurn über ihm zusammen, so fehlt ihm längst das Bewußtsein des Überganges. Es ist, als gleite eine Welle ins flutende Meer zurück.«*

Zu solch einer Lebensbegründung aus dem Tod braucht man den Feind, und die Begegnung mit ihm erscheint wie ein Liebesakt: »Wenn wir aufeinanderprallen im Gewölk von Feuer und Qualm, dann werden wir eins, dann sind wir zwei Teile von einer

Kraft, zu einem Körper verschmolzen. Zu einem Körper – das ist ein Gleichnis besonderer Art. Wer es versteht, der bejaht sich selbst und den Feind, der lebt im Ganzen und in den Teilen zugleich. Der kann sich eine Gottheit denken, die die bunten Fäden sich durch die Hände gleiten läßt – mit lächelndem Gesicht.«*

Das ist wahrlich ein Lächeln von der hintergründigen Art. Der Feind, der Kampf und der Tod gewinnen ihren mythischen Selbstwert. »Nicht wofür wir kämpfen ist das Wesentliche, sondern wie wir kämpfen«, lautet ein Schlüsselsatz Ernst Jüngers.* Dabei geht es längst nicht mehr um romantische Ritterspiele, sondern ausdrücklich um den modernen Krieg, den die Technik des Vernichtens bestimmt:

»Der Geist der Materialschlacht und des Grabenkampfes, der rücksichtsloser, brutaler, wilder ausgefochten wurde als je ein anderer, erzeugte Männer, wie sie die Welt bisher nie gesehen. Es war eine ganz neue Rasse, verkörperte Energie, mit höchster Wucht geladen ..., Überwinder, Stahlnaturen, eingestellt auf den Kampf in seiner gräßlichsten Form ... Wenn ich (sie) beobachte, erstrahlt mir die Erkenntnis: Das ist der neue Mensch ... Was hier im Kampfe als Erscheinung sich offenbart, wird morgen die Achse sein, um die das Leben schneller und schneller schwirrt. Über ihren großen Städten wird tausendfach brausende Tat sich wölben, wenn sie über die Asphalte schreiten, geschmeidige Raubtiere, von Kräften überspannt. Baumeister werden sie sein auf den zertrümmerten Fundamenten der Welt. Denn dieser Krieg ist nicht, wie viele meinen, Ende, sondern Auftakt der Gewalt. Er ist die Hammerschmiede, die die Welt in neue Grenzen und neue Gemeinschaften zerschlägt. Er ist das glühende Abendrot einer versinkenden Zeit und zugleich Morgenrot, in dem man zu neuem, größeren Kampfe rüstet.«*

Solch eine Mythologie von Untergang und Auferstehung macht freilich den zum wirklichen Feind, der noch »vernünftig« um wohlverstandene Interessen streiten und Kompromisse finden will, statt auf Leben und Tod zu kämpfen. Erst recht wird zum Feind, wer gegen das Grauen des Krieges eine Ethik des Friedens setzt. Denn er verneint den Selbstwert des Kampfes. Worauf es ankommt, hat im Gefolge seines Bruders Friedrich Georg Jünger unmißverständlich gesagt:

»Die Reinheit des heroischen Denkens läßt sich daran abmessen, in welchem Grade es vermeidet, den Krieg als sittliches Phänomen darzustellen ... Der geborene Krieger läßt sich auf humanitäre Perspektiven gar nicht ein; er kann es nicht, weil er von der Schicksalhaftigkeit des Krieges ganz und gar durchdrungen ist ... Hier ist der Maßstab, der Gültigkeit besitzt: die Haltung des Menschen in der Schlacht, die das Urverhältnis einer schicksalhaft gerichteten Ordnung ist.«* Von da aus leuchtet allerdings Hoffnung über der deutschen Zukunft. Denn

»was erlebt wird, das ist der vollkommene Zusammenbruch des Individualismus, es ist der absolute Bankerott des humanitären Denkens.«*

Weil es hier ums Exemplarische geht, nicht um die Häufung der Beispiele, sei nur eine Schlüsselfigur deutschen Denkens im 20. Jahrhundert noch erwähnt: Martin Heidegger. Ähnlich wie im Falle Carl Schmitts hat man im Rückblick viel Aufhebens um das gemacht, was er 1933 als Rektor seiner Universität in Freiburg tat und sagte. Womöglich hat er geglaubt, zum geistigen Führer eines nationalen Aufbruchs berufen zu sein. Die Enttäuschung mußte folgen, weil es fortan auf Begründungen kaum noch ankam, sondern auf die Praxis der Macht. Um so wichtiger bleibt, was Heidegger *zuvor* formulierte, besonders in seinem Hauptwerk »Sein und Zeit«, das 1927 erschien. Die schwierige Gedankenführung und eine sehr eigenwillige Sprache machten es gewiß nicht leicht, dieses Werk zu verstehen. Dennoch schlug es, sogar nach dem Zeugnis eines kritischen Beobachters, ein »wie ein Blitz« und ließ die führende Stellung in der Philosophie sofort von Max Scheler auf Heidegger übergehen.*

Wie soll man das deuten, wenn nicht aus dem Zeitgeist? Heideggers Analyse ließ sich wie eine weltliche Bußpredigt lesen. Die Masse der Menschen – so sagt sie – lebt alltäglich und nichtig dahin in »uneigentlicher« Existenz, auf ihren Vorteil bedacht und ins Gerede gehüllt, in das sie sich fügt, wie »man« es eben tut. »Das Man ist überall dabei, doch so, daß es sich auch immer schon davongeschlichen hat, wo das Dasein auf Entscheidung drängt. Weil das Man jedoch alles Urteilen und Entscheiden vorgibt, nimmt es dem jeweiligen Dasein die Verantwortlichkeit ab. Das Man kann es sich gleichsam leisten, daß ›man‹ sich ständig auf es beruft. Es kann am leichtesten alles verantworten, weil keiner es ist, der für etwas einzustehen braucht. Das ›Man‹ war es immer, und doch kann gesagt werden, ›keiner‹ ist es gewesen.«* Wer wollte, durfte das gewiß auch als Kritik am »System« der Republik, an Parlamentarismus und Parteiwesen verstehen.*

Doch es gibt den Tod, der als nichtig erweist, worum »man« sich sorgt, und es gibt die Angst vor dem Tod. Sie wird um so stärker, je weiter die uneigentliche Existenz sich ins »man« zerstreut und verliert. Angst »holt das Dasein aus dem verfallenden Aufgehen in der ›Welt‹ zurück. Die alltägliche Vertrautheit bricht in sich zusammen.«* So gerät der Tod, den die Angst erschließt, zum »ausgezeichneten Bevorstand«. Indem er als nichtig erweist, was als wichtig erschien, ermöglicht er eine Umwendung zu jener »eigentlichen« Existenz, deren Maßstab die Entschlossenheit ist.

Wer die Bibel kennt, dem klingt das vertraut. »Lehre uns bedenken, daß wir sterben müssen, auf daß wir klug werden«, heißt es im 90. Psalm. Seltsam fremd allerdings tritt »Entschlossenheit« an die Stelle des Glaubens. Entschlossenheit wozu? möchte man wissen.

Aber das ist bereits wieder eine Frage, wie »man« sie stellt. Die Entschlossenheit bewährt sich, indem sie abweist, worum »man« sich müht und was im Gerede als das erscheint, was »man« tun soll oder nicht tun darf. In einer Art von Kreisbewegung wählt sich die Entschlossenheit vom Tod her ihren »Helden« – und der Held wird daran kenntlich, daß er auf den Tod hin und auf nichts außerdem sein Leben begründet.

Insgesamt, so scheint es, begegnen uns gerade bei den anspruchsvollen und repräsentativen Deutern der Zeit Spielarten einer eigentümlich verfinsterten, in der Destruktion, der Zerstörung, im Untergang des Bestehenden ansetzenden Heilslehre.* Feindschaft als Bedingung des eigentlich Politischen, aus der Entscheidung erschaffen, die »normativ gesehen aus dem Nichts geboren« wird; der Kampf wider den Feind als Bewährung, bei der es einzig aufs »Wie« des Kampfes, auf die »Haltung« ankommt; der Tod als Ankergrund der entschlossenen Existenz, die sich den »Helden« erwählt: Carl Schmitt, Ernst Jünger und Martin Heidegger dringen je auf ihre Weise bis zum Kern einer Mythologie vor, die von der Vernichtung träumt.*

Ja, von Vernichtung – und zwar vorab des europäischen Geistes, der seit Renaissance und Reformation den Wert des Individuums entdeckte und ihn gegen jeden Vorwand seiner Unterwerfung unter die »Gemeinschaft« verteidigte; Vernichtung sodann der Aufklärung, die Menschen- und Bürgerrechte verhieß und darum zur Revolution der Freiheit und Gleichheit drängte; Vernichtung auch der christlichen Botschaft, die uns sagt, daß wir in dieser Welt und aus eigener Kraft kein Heil erstreiten können. Jünger hat diese Abwendung von Europa wünschenswert deutlich beschrieben:

»Deutschland verlor den Krieg, indem es stärkeren Anteil am westlichen Raum, indem es die Zivilisation, die Freiheit und den Frieden im Sinne der Barbusse gewann. Aber wie konnte man ein anderes Ergebnis erwarten, da man doch selbst beteuert hatte, an diesen Werten Anteil zu haben und um keinen Preis gewagt hätte, den Kampf zu führen außerhalb ›jener Mauer, die Europa umschnürt‹? Das geheime Urmeter der Zivilisation wird in Paris aufbewahrt, und wer es anerkennt, der wird gemessen, anstatt daß er die Maße gibt... Der Deutsche hat den Krieg geführt mit dem für ihn allzu billigen Ehrgeiz, ein guter Europäer zu sein. Da aber so Europa gegen Europa Krieg führte –, wer anders als Europa konnte Sieger sein? Dennoch ist dieses Europa, dessen Oberfläche nunmehr planetarische Ausdehnung gewann, sehr dünn geworden, sehr Politur –, seinem räumlichen Gewinn entspricht ein Verlust an Überzeugungskraft. Bei uns heißt, an seinen Werten noch teilnehmen, ein Reaktionär, ein Mensch von gestern, ein Mensch des 19. Jahrhunderts sein.«*

Die Zukunft mußte dann, folgerichtig, der Zerstörung Europas gehören. Denn »eines der besten Mittel zur Vorbereitung eines neuen und kühneren Lebens besteht in der Vernichtung der Wertungen des losgelösten und selbstherrlichen Geistes, in der Zerstörung der Erziehungsarbeit, die das bürgerliche Zeitalter am Menschen geleistet hat... Die beste Antwort auf den Hochverrat des Geistes gegen das Leben ist der Hochverrat des Geistes gegen den Geist; und es gehört zu den hohen und grausamen Genüssen unserer Zeit, an dieser Sprengarbeit beteiligt zu sein.«*

Im Hochverrat des Geistes am Geist drängt die Vernichtung zur Selbstvernichtung, und am Ende steht die deutsche wie die europäische Katastrophe. Aber was sonst sollte denn das große, insgeheim stets schon bestimmende Ziel gewesen sein, das die Feindschaft, den Kampf und den Tod wahrhaft lohnte? Noch einmal Ernst Jünger: »Die Katastrophe erscheint als das Apriori eines veränderten Denkens.«*

Wer allerdings den Mythos vom Feind und vom Tod verabschieden wollte, der müßte sein Denken erst recht und genau in der Gegenrichtung verändern; er müßte zum Ausgangspunkt nehmen, was als ein Überlebender der Vernichtung Elias Canetti gesagt hat: »Der Tod soll – ohne billigen Betrug – sein Ansehen verlieren.«

ZWEITER TEIL

Vom Ursprung der Gewalt: Die natürliche Deutung

Was hat im 20. Jahrhundert und im Herzen Europas den Mythos vom Feind und vom Tod mächtig werden lassen, woher stammt die Hingabe an Gewalt und Vernichtung? Bevor von historischen Bedingungen die Rede ist, sollte eine Frage nach der Natur des Menschen gestellt und überdacht werden: Bleibt etwas Dunkles in ihr angelegt, das die Zähmung zur Zivilisation zwar überdeckt, aber niemals zu tilgen vermag? Behauptet – als Aggression – die Naturgeschichte der Evolution auch im Menschen ihren Platz?* Die Frage von vornherein abweisen hieße womöglich, die Gefahr unterschätzen. Es könnte doch sein, daß die Mythen der Gewalt darum uns ansprechen, weil das Urtümliche auf der Lauer liegt, das aus den Tiefen unserer Existenz zum Kampf und zum Tod gefordert sein möchte.

Daß er den Tod kennt und ihn in sein Leben einbeziehen muß, daß er darum mit Vorsatz morden oder Selbstmord begehen kann, unterscheidet den Menschen vom Tier. Darum erzählt die Bibel gleich nach der Ansiedlung Adams diesseits von Eden die mythische Urgeschichte von der Aggression: »Und der Herr sah gnädig an Abel und sein Opfer; aber Kain und sein Opfer sah er nicht gnädig an. Da ergrimmte Kain sehr, und seine Gebärde verstellte sich … Und es begab sich, da sie auf dem Felde waren, erhob sich Kain wider seinen Bruder Abel und schlug ihn tot.«

Daß es nicht ums Materielle und greifbar Naheliegende geht, weder um Nahrungs- noch um Geschlechtskonkurrenz, sondern um das Ungreifbare, das macht die Geschichte wahrhaft tiefgründig und unheimlich. Das Ansehen vor sich selbst und vor anderen erscheint als das Ursprüngliche, das eigentlich Existenzbegründende, das der Mensch braucht, und diese Begründung kann vom Tod her versucht werden, in der Vernichtung des Feindes, zu dem sich das Bildnis des Bruders verzerrt. Wie weit liegt es dann noch – oder vielmehr wie nahe –, im heroischen Kampf auf Leben und Tod das Ansehen, den Sinn und womöglich das Glück zu suchen?

Um Anschauung zu gewinnen, seien hier zwei Passagen aus der dritten der »Duineser Elegien« vorgestellt, die Rainer Maria Rilke 1912 begann und 1922 vollendete. Der sanfte, mit seinen Sprachmelodien bezaubernde Dichter hat vielleicht genauer in Abgründe geschaut als die Anbeter der Gewalt – und tiefer ganz gewiß als alle, die von der Friedsamkeit schwärmen, als sei sie Natur.

»Eines ist es, die Geliebte zu singen, Ein
anderes, wehe, jenen verborgenen schuldigen
Fluß-Gott des Bluts.
Den sie von weitem erkennt, ihren Jüngling,

was weiß er selbst von dem Herren der Lust,
der aus dem Einsamen oft, ehe das Mädchen
noch linderte, oft auch als wäre sie nicht,
ach, von welchem Unkenntlichen triefend,
das Gotthaupt aufhob, aufrufend die Nacht
zu unendlichem Aufruhr. O des Blutes
Neptun, o sein furchtbarer Dreizack. O der
dunkele Wind seiner Brust aus gewundener
Muschel. Horch, wie die Nacht sich muldet
und höhlt. Ihr Sterne, stammt nicht von euch
des Liebenden Lust zu dem Antlitz seiner
Geliebten? ...

Liebend
stieg er hinab in das ältere Blut, in die
Schluchten, wo das Furchtbare lag, noch satt
von den Vätern. Und jedes Schreckliche
kannte ihn, blinzelte, war wie verständigt.
Ja, das Entsetzliche lächelte ... Selten hast du
so zärtlich gelächelt, Mutter. Wie sollte er es
nicht lieben, da es ihm lächelte ...«

Man mag das als »zeitbedingt« abtun: Hat nicht auch Rilke – der Kenner und Freund Frankreichs und Rußlands – 1914 seinen patriotischen Beitrag geleistet, in dem ähnliches anklingt?* Aber solch ein Abtun geht auf die Sache gar nicht erst ein.

Gewichtiger wiegt der feministische Protest: Was hier sich entfaltet, ist der alte und immer neue Wahn, der Mythos des Männlichen, der die Mütter und Mädchen, die Frauen überhaupt zu den demütig Dienenden verweist, weil sie vom angeblich Urtümlichen so wenig wissen und es niemals verstehen.

Aber wenn der Protest trägt, dann wohl weiter als erwünscht: bis ins Archaische hinein, in dem das Naturgegebene und die Ursprünge der Kultur sich unkenntlich verschränken. War nicht dies die erste, sehr frühe Arbeitsteilung, daß die Frauen nahe bei der Heimstatt blieben, die Kinder hüteten und Früchte einsammelten, indessen die Männer zur Jagd aufbrachen, die – bei schwachen Waffen und wehrhaftem Wild – sich tatsächlich als das Abenteuer auf Leben und Tod darstellte? Falls das zutrifft, bleibt zumindest offen, ob nicht eine Prägung entstanden ist, die sich nicht leicht und kaum kurzfristig auflösen läßt.

Ein dritter Einwand führt zurück zur neueren Geschichte, besonders zur preußisch-protestantischen, aus der Bismarcks Reichsgründung stammt. Preußen war ein betont männlicher und soldatischer Staat, ganz auf den Willen zur Leistung und auf eine Pflichterfüllung gegründet, für die das Glück des einzelnen kaum zählte. »Es ist nicht nötig, daß ich lebe, wohl aber, daß ich meine Pflicht tue«: Immerfort ist dieses Bekenntnis Friedrichs des Großen wiederholt und gerühmt und schon den Schulkindern gepredigt worden, als sei es ein Religionsersatz, die Sinnerfüllung preußisch-deutschen Wesens.

Es fehlen, anders gesagt, in der von Preußen bestimmten politischen Kultur die sänftigenden, zivilisierenden Gegenelemente; oft genug sind sie sogar als »weichlich« und »weibisch« abgetan und verachtet worden. Keine Salonkultur hat sich durchsetzen können, wie in Frankreich, die Frauen von Grazie und Geist in den Mittelpunkt rückt; es gibt die großen Zarinnen oder Königinnen nicht, die ihr Zeitalter bestimmen, schon gar nicht eine Maria Theresia, die als österreichische Landesmutter all ihre männlichen Vorgänger und Nachfolger überstrahlt. Und natürlich fehlt der katholische Kult, die Jungfrau Maria als Schutzheilige, der sich – wie in Polen – eine Nation inbrünstig unterstellt.*

Die einseitige Prägung unserer politischen Kultur, gerade weil sie einst unausgesprochen allgegenwärtig war, dürfte schwerer wiegen als vieles, wovon gemeinhin die Geschichtsbücher reden. Ob dies jedoch ausreicht, um die Frage nach dem Ursprung der Gewalt in der menschlichen Natur als unsinnig zu verwerfen, bleibt wiederum offen. Im übrigen muß man genau sein und Pflichterfüllung von der Gewalt unterscheiden; im einen Falle geht es um Disziplinierung – und nicht zu vergessen: ums Recht –; im anderen um den Ausbruch zu Willkür und Chaos. Historisch gesehen wird Gewalt in dem Maße freigesetzt, in dem das Preußentum im Siegeszug des Nationalismus unterliegt, und der letzte Preußentag in der deutschen Geschichte, der 20. Juli 1944, war der eines verzweifelten Widerstandes gegen das Unrecht.

Die Ungewißheit wächst weiter, sobald man sich umschaut und Vergleiche zieht. Um bloß ein Beispiel knapp zu skizzieren: Noch zu Lebzeiten Friedrichs des Großen, 1776, proklamiert die amerikanische Unabhängigkeitserklärung »Leben, Freiheit und das Streben nach Glück« als unveräußerliche Grundrechte. Seither sollen Regierungen daran gemessen werden, was sie im Dienst dieser Grundrechte tun oder versäumen. Ein schärferer Gegensatz zum preußischen Pflichtprinzip scheint kaum denkbar. Aber zugleich gibt es in den Vereinigten Staaten einen Kult der Gewalt und den der Waffe, der sogar Verfassungsrang besitzt: »Das Recht des Volkes, Waffen zu besitzen und zu tragen, darf nicht verletzt werden«, sagt die Verfassungsergänzung von 1791 in ihrem zweiten Artikel.

Vor allem gibt es den Mythos von der urtümlichen Freiheit im Wilden Westen, der unausrottbar scheint. Da offenbar ist der Mann noch was wert, wenn er einsam, doch unbeirrbar ins Abendrot reitet, seiner Schicksalsbestimmung, dem Duell mit dem Feind entgegen, das der Tod entscheidet. Zwar kann man scharfsinnig feststellen, wie weit sich Heldenlegenden von der Wirklichkeit entfernen, die sie zu spiegeln behaupten.* Um so deutlicher aber tritt der Mythos als das Traumbild hervor, um das es eigentlich geht. Keine Kritik kann ihm etwas anhaben, und keine Wiederholung nutzt es ab.

Wie soll man zudem erklären, daß der Western-Held nicht nur die amerikanischen Kinogemüter besetzt? Kommt hier etwa doch das Urtümliche ins Spiel, weil es an- und aufgerührt wird? Oder warum bleiben all die pädagogischen Bemühungen so fruchtlos, Kinderspielsachen von den Kainsmalen der Gewalt und des Tötens zu reinigen? Warum überhaupt wirken Spiele meist gekünstelt und langweilig, die aufs Miteinander statt aufs Gegeneinander im Kampf setzen?

Fragen über Fragen. Je mehr ihrer werden, desto weniger ist die eine und abschließende Antwort in Sicht, die uns den Ursprung der Gewalt gültig erklärt. Doch vielleicht ist sie nicht einmal wichtig. Hier ging es bloß darum, den Zweifel zu wecken und Warnzeichen zu setzen. Wer davon überzeugt ist, daß im Grunde seines Wesens der Mensch zur Güte und zur Friedfertigkeit bestimmt ist, erblindet gleichsam; er erkennt die Gewalt erst dann, wenn es zu spät ist, sie abzuwehren. Im schlimmeren Falle greift er leichthin selbst zur Gewalt, um den Feind zu vernichten, dem es angeblich zuzuschreiben ist, daß die Vollendung des Guten noch niemals gelang. Kaum zufällig hat sich in der Geschichte der Aufbruch zum Guten – sei es in christlichen Kreuzzügen, sei es in der französischen oder der russischen Revolution – so oft und so abgründig mit dem Schrecken verbunden.

Wer dagegen, wie es in der Elegie heißt, das Entsetzliche lächeln sieht, der wird den Mythen der Gewalt den Respekt zollen, sich gegen sie zu wappnen. Der wird nach ihren historischen Bedingungen fragen. Und er wird, soweit er es vermag, die zerbrechlichen Kunstwerke des Friedens verstärken und schützen.

Die gescheiterte Vernunft: Ernst Nolte

In unserer Natur mag Abgründiges angelegt sein. Aber die Natur schweigt, wenn erklärt werden soll, warum Menschen oder Völker manchmal friedfertig, manchmal gewalttätig handeln. Auch die Berufung auf eine Abart von Natur, auf Charakteranlagen, hilft kaum weiter, schon gar nicht beim Volkscharakter; wie schon zu zeigen war, sind die Deutschen ihren Nachbarn erst als unbeirrbar gutmütig, dann als höchst gefährlich erschienen.

Wo die Natur stumm bleibt, sollte die Vernunft sprechen. Sie kann es, sofern sich das Handeln selbst als vernünftig darstellt. Das ist der Fall, wenn einzelne und Gruppen, Nationen und Staatsmänner ihrem wohlverstandenen Interesse folgen.

Vor anderthalb Jahrhunderten hat Alexis de Tocqueville in seinem großen Werk »Über die Demokratie in Amerika« geschrieben: »Die Lehre vom wohlverstandenen Interesse steht nicht besonders hoch, aber sie ist klar und sicher. Sie erstrebt keine großen Ziele; aber ohne zu große Mühe erreicht sie alle diejenigen, auf die sie gerichtet ist. Da sie für jeden verständlich ist, begreift und behält jeder sie mühelos. Da sie den menschlichen Schwächen wunderbar angepaßt ist, gewinnt sie leicht überall einen beherrschenden Einfluß, und es fällt ihr nicht schwer, diesen zu bewahren, denn sie kehrt den Eigennutz gegen ihn selbst und bedient sich zur Lenkung der Leidenschaften seines spornenden Stachels. – Die Lehre vom wohlverstandenen Interesse löst keine großen Opfertaten aus, regt aber täglich zu kleinen Opfern an; für sich allein vermag sie den Menschen nicht zur Tugend zu führen; sie formt aber eine Vielzahl Bürger, die ordentlich, mäßig, ausgeglichen, vorsorgend, selbstbeherrscht sind; und lenkt sie auch nicht unmittelbar durch den Willen zur Tugend, so führt sie doch durch Gewöhnung nahe an sie heran.«*

Tocqueville meinte, daß die Lehre vom wohlverstandenen Intersse vor allem zum demokratischen Zeitalter passe und daß sie daher in den Vereinigten Staaten weit stärker zur Herrschaft gelangt sei als in Europa, wo weithin noch die Fürsten regierten. Tatsächlich wird in der Demokratie jeder, der ein leitendes Staatsamt übernimmt, auf das wohlverstandene Interesse eingeschworen, wenn es in der Eidesformel heißt, daß er »den Nutzen des Volkes mehren« und »Schaden von ihm wenden« solle, sei es mit Gottes Hilfe oder ohne sie. Aber was, wenn nicht ihr wohlverstandenes Interesse, war einst der Kompaß für Könige und Kaiser? Wie ist Machiavellis »Principe« zu lesen, wenn nicht als das einschlägige Lehrbuch? Tocqueville selbst betont, daß es sich nicht um etwas Neues handle, und zitiert Montaigne: »Wenn ich dem geraden Weg nicht um seiner Geradheit willen folge, so werde ich ihm folgen, weil ich erfahren habe, daß er gemeinhin schließlich der glücklichste und der nützlichste ist.«*

Das vernünftig interessenbestimmte Denken und Handeln bildet einen Kernbestand des europäischen Geistes, wie er seit Beginn der Neuzeit sich entfaltete. Dies gilt nicht nur in der Politik, für die Theorie und Praxis der Staatsraison, sondern auch oder erst recht in der Wirtschaft. Weil sie das Interesse zum Ausgangspunkt nahmen, sind Adam Smith und David Ricardo zu Klassikern der modernen Wirtschaftslehre geworden, so wie Machiavelli, Thomas Hobbes und John Locke zu politischen Klassikern. Übrigens hat kaum einer der Macht des vernunftbestimmten Interesses so sehr vertraut wie Karl Marx. Diese Macht oder List der Vernunft läßt zunächst die Bourgeoisie und den Kapitalismus triumphieren; dem Proletariat aber gehört die Zukunft, weil es das Interesse der wenigen in das der vielen verwandelt und es dann zum allgemein menschlichen erhebt.

Mit dem europäischen Geist der Neuzeit entwikkeln sich das historische Denken und eine Geschichtswissenschaft, die nicht nur registrieren, sondern verstehen will, warum etwas geschah; dabei wird als Bedingung allen Verstehens wie selbstverständlich vorausgesetzt, daß menschliches Tun sich vom wohlverstandenen Interesse leiten läßt. Natürlich handelt es sich um einen »Idealtypus«, dem die Wirklichkeit kaum jemals entspricht. Es gibt Eitelkeit und Ehrgeiz, die schlichte und die anmaßende

Dummheit, Fehl- und Vorurteile, Machtgier und Rachsucht, Verzagtheit und Übermut, kurz die Fehlbarkeit des Menschen. Aber was sie verursacht, wird als Kursabweichung erkennbar, die unser Urteil bestimmt, wenn wir von geschichtlicher Größe oder vom Versagen sprechen.

Bei Tocqueville klingt indessen eine Ahnung vom Unheil in anderen Dimensionen an, wenn er schreibt: »Ich scheue mich nicht zu sagen, daß mir die Lehre vom wohlverstandenen Interesse von allen philosophischen Theorien die zu sein scheint, die den Bedürfnissen des heutigen Menschen am besten entspricht, und daß ich sie für die wirksamste Sicherung des Menschen vor sich selbst halte. Zu ihr hin müssen sich daher vor allem die heutigen Moralisten wenden. Selbst wenn sie diese Lehre für unvollkommen halten, müßte man sie doch als notwendig anerkennen.«*

Ist also in uns oder in der Geschichte etwas als Möglichkeit angelegt, das entsetzlich wäre, wenn es hervorbräche – und den europäischen Geist sprengen, wenn nicht zerstören könnte? Mit dieser Frage nähern wir uns einer anderen, für unsere Betrachtung zentralen: Läßt sich das, was in der Epoche der Weltkriege in Deutschland geschah, noch vom erkennbaren Interesse her verstehen, sei es als krasseste Kursabweichung? Läßt es sich *vernünftig* einordnen? Zumindest ein Historiker hat das mit wachsender Entschiedenheit bejaht und seine Lebensarbeit daran gesetzt, es einsichtig zu machen: Ernst Nolte.

Eben damit ist er anstößig, für manche fast aussätzig geworden; er hat Empörung und den »Historikerstreit« der achtziger Jahre ausgelöst.* Hitler, der Nationalsozialismus und die Gewaltherrschaft, lautet der Vorwurf, würden durch die »vernünftige« Betrachtung harmlos gemacht, so als hätten sie keine Verbrechen, allenfalls Fehler begangen; vor allem werde das Einmalige des Verbrechens hinwegerklärt, das Stichworte wie »Auschwitz« und »Endlösung« bezeichnen. Empörung ersetzt freilich keine Argumente; Nolte hat selbst vom Verbrechen gesprochen; ein Massenmörder wird nicht dadurch entschuldigt, daß auch andere morden, und streng genommen gibt es in der Geschichte nichts als das Einmalige. Erst seine Einordnung macht es kenntlich.

Bevor wir selbst urteilen, sei Noltes Auffassung knapp skizziert. Sein Hauptwerk, das 1987 erschien und frühere Arbeiten zusammenfaßt, heißt: »Der europäische Bürgerkrieg 1917–1945. Nationalsozialismus und Bolschewismus.«* Im Titel sind bereits die Thesen angelegt. Mit der russischen Oktoberrevolution, von der aus die Bolschewisten ihre unumschränkte Macht durchsetzten und die Sowjetunion entwickelten, entstand für Mittel- und Westeuropa eine nie gekannte Herausforderung. Das in seinen wesentlichen Zügen, im Denken und Fühlen, in Rechts- und Besitzordnung bürgerlich geprägte Europa sah sich von der Vernichtung bedroht, so wie sie in der Sowjetunion vielmillionenfach alle Regimefeinde traf, auch die wahnhaft erfundenen.

Denn ausdrücklich sollte die russische Revolution ja nur der Auftakt zur Weltrevolution sein, und überall gab es kommunistische Parteien, die das »Vaterland der Werktätigen« zu dem ihren erklärten und keinen Hehl daraus machten, daß sie die Macht, wenn sie ihnen zufiele, so unerbittlich nützen würden, wie die Bolschewisten es getan hatten. Von den Überläufern – zumal unter Intellektuellen – abgesehen, die ins Bild gehören wie die aristokratischen Überläufer zur französischen Revolution, reagierte das bürgerliche Europa daher auf die bolschewistische Herausforderung mit Abscheu und Angst.

Vor allem mit Angst. Und nirgendwo war sie so groß wie in Deutschland, verständlich genug. Der Umsturz des 9. November 1918 war das Ergebnis einer »roten« Revolte; in der Frühzeit der Republik gab es spartakistische und kommunistische Aufstände; in der Spätzeit entwickelte sich die kommunistische Partei zur Millionenbewegung. Zudem lag die Bedrohung aus dem Osten für Deutschland viel näher als zum Beispiel für England oder Frankreich; die russische »Dampfwalze« gehörte zur Schrekkenserinnerung aus dem Krieg, und Deutschland sah sich durch die Friedensbestimmungen von Versailles zur Wehrlosigkeit verurteilt.

Hitler und seine Bewegung gaben auf die radikale Herausforderung eine radikale Antwort. Sie versprachen die Vernichtung des Feindes, der mit Vernichtung drohte. Dieses Versprechen trug sie zur Macht, und sie hielten ihr Wort. Fast zwangsläufig glichen sie sich dabei ihrem Gegner an oder übertrafen ihn noch, wenn sie die Grenzen überschritten, die herkömmlich der Gewalt gezogen waren. Daß man den Weltkrieg verlor und in den Zusammenbruch von 1918 geriet, weil man nicht rücksichtslos genug vorgegangen war, entsprach der herrschenden Überzeugung. In diesem Sinne hat Hitler wieder und wieder gesagt, daß ein 9. November sich niemals wiederholen werde. Und wie einen Rechtsstaat achten, der den Feind eher schonte als vertilgte? Warum eine freiheitliche Verfassung bewahren, wenn sie den Feinden der Freiheit Tor und Tür öffnete? Wozu einen Friedensvertrag einhalten, wenn er die deutsche Ohnmacht besiegelte? Indem Hitler die Grenzzäune der Gewalt niederriß, erschien er einer rasch wachsenden Mehrheit der Deutschen nicht als Diktator, sondern als der umjubelte Retter. Seine letzte Konsequenz war es dann, daß er zum Vernichtungsfeldzug gegen die Sowjetunion antrat.

Die Judenvernichtung bildete eine Nebenkonsequenz. Nicht nur, aber besonders Hitler hat von Anfang an das eine Feindbild mit dem anderen verbunden. Man erinnere sich an die verblüffende Selbstverständlichkeit, mit der in seiner Darstellung des 9. November 1918 hinter den Führern des Marxismus »der Jude« auftaucht.* Diese Verbindung mochte in Wahrheit so unsinnig sein wie sie wollte. Doch wenn sie erst einmal hergestellt war, dann mußte die Vernichtung des einen Feindes mit der des anderen Hand in Hand gehen. Und wenn sich im Krieg gegen den Bolschewismus nicht der Sieg, sondern die Niederlage abzeichnete, dann konnte es als um so dringender erscheinen, daß wenigstens der andere Vernichtungsfeldzug bis zur »Endlösung« geführt wurde.

So weit, so einsichtig. Oder doch nicht? Es bereitet Schwierigkeiten, die Judenvernichtung als hinreichend erklärt anzusehen. Der Antisemitismus reicht über den Antibolschewismus weit zurück und stammt aus ganz anderen Wurzeln. In der antisemitischen Propaganda steht durchweg eine Feindvorstellung sozusagen aus der Gegenrichtung im Vordergrund: das Bild vom Wucherer und Kapitalisten, vom »Plutokraten«, in dessen Netz der »Zinsknechtschaft« sich der Arier verfängt. Das gilt auch für die nationalsozialistische Propaganda, bis hin zu Filmen wie »Jud Süß«.* Zudem gehörte die Mehrheit der deutschen Juden ins bürgerliche Lager und rechnete sich ihm wie selbstverständlich zu. Warum sollte ein antibolschewistischer Kreuzzug sie treffen? Das Judentum in Osteuropa wiederum bewahrte Verbindungen zur deutschen Kultur bis in die Sprache hinein. Darum galt es den umgebenden slawischen Völkern als verdächtig; in die Pogrome der zaristischen Spätzeit mischten sich antideutsche Beiklänge.* Tritt mithin in der Judenvernichtung nicht Unheimlicheres zutage, als Noltes Darstellung nahelegt, etwas wie ein deutscher Selbsthaß, der auf die Juden übertragen wird und in ihnen sich gleichsam selbst vernichten will?

Weitaus schwerer wiegt, daß die westlichen Demokratien an den Rand geraten. Welche Rolle fiel ihnen zu, wenn es sich denn um einen europäischen Bürgerkrieg handelte? Die Westmächte haben Hitler nachgegeben, solange sie glauben konnten, daß er nur Gleichberechtigung forderte und sich auf das Recht der nationalen Selbstbestimmung berief, das sie selbst vertraten. Sie rüsteten zum Kampf und begannen den Krieg – nicht gezwungen, wie später die Sowjetunion, sondern aus eigenem Entschluß –, als die Illusionen zerbrachen und Hitler sich als der Gewaltherrscher erwies, der Freiheit und Demokratie zerstörte.* Die Gefahr, die von ihm ausging, lag nicht nur räumlich und zeitlich näher als die bolschewistische, sondern sie war auch die schreckensvollere. Denn in Rußland hatte es eine bürgerlich geprägte Gesellschaft und die von ihr bestimmte Freiheits- und Rechtsordnung niemals gegeben. Die stalinistische Gewalt mochte sich daher finster ausnehmen, aber sie wütete in einem historisch fremdartigen, um nicht zu sagen barbarischen Rahmen. Deutschland hingegen war ein Land der europäischen Bürgerkultur; wenn deren Vernichtung nun von hier ausging, mußte das Entsetzen um so stärker sein.

Im Jahre 1835 schrieb Tocqueville: »Wenn ich den Zustand betrachte, den mehrere europäische Nationen bereits erreicht haben und dem alle anderen zustreben, so bin ich geneigt zu glauben, daß es unter ihnen nur noch Raum geben wird für die demokratische Freiheit oder für die Tyrannei der Cäsaren.«* Das erwies sich je länger desto mehr als wahr; das ist und bleibt die Alternative. Der eigentliche europäische Bürgerkrieg wurde zwischen den liberalen Demokratien auf der einen, dem Nationalsozialismus (oder verallgemeinert dem Faschismus) *und* dem Bolschewismus auf der anderen Seite ausgefochten. Dem entsprach der Kampf, wie er zwischen 1940 und 1945 in den besetzten Ländern Nord- und Westeuropas zwischen Widerstand und Kollaboration geführt wurde, und ein Mann wie Winston Churchill, der seinem Antibolschewismus niemals abschwor, ist nicht von ungefähr zur Symbolfigur der Unbeugsamkeit gegenüber jeder Form von Tyrannei geworden. Nur wenn man unterstellt, daß Demokratie und Gewaltherrschaft die Fronten bestimmten, wird im übrigen verständlich, warum der europäische Bürgerkrieg eben nicht 1945 ans Ende kam, sondern in verwandelter Form, als »Kalter Krieg«, bis zum Zusammenbruch des Kommunismus und der Sowjetunion fortdauerte.

Blickt man auf die Verhältnisse in Deutschland, so ist zunächst zu sagen, daß die russische Oktoberrevolution als Epochenwende kaum wahrgenommen wurde. Diese Revolution hatte man selbst nach Kräften gefördert, um zu einem raschen »Siegfrieden« zu kommen. Der wirkliche und wie sich zeigen sollte unüberwindbare Feind stand im Westen. Die militärische Gefahr, die von der Sowjetunion ausging, ist später, nicht zuletzt nach den Erfahrungen des Ersten Weltkriegs, eher unter- als überschätzt worden; andernfalls hätte es eine Zusammenarbeit zwischen Reichswehr und Roter Armee schwerlich gegeben. Man fürchtete die Bedrohung aus Polen; gegen sie wurden entgegen den Bestimmungen des Versailler Vertrages heimlich Grenzschutzverbände organisiert. Die letzte Unterschätzung der Roten Armee, die dem »Unternehmen Barbarossa« vorausging, stammte dann aus dem finnisch-sowjetischen Winterkrieg 1939/40.

Seit sich die Sozialdemokraten unter Eberts Führung gegen eine Räterepublik und für die parlamentarische Demokratie entschieden, hat es die ernsthafte Möglichkeit einer kommunistischen Machtübernahme zwischen 1918 und 1933 niemals gegeben. Gegen sie standen bis zuletzt nicht nur die Wählermehrheiten, sondern alle wichtigen Institutionen, von den Universitäten und Kirchen bis zum Amt des Reichspräsidenten, standen Staatsverwaltung und Justiz, Polizei, Militär und die jederzeit mobilisierbaren Freikorpsverbände, aber auch die SPD und die Gewerkschaften. Wenn dennoch Ängste umliefen und propagandistisch genutzt werden konnten, bedürfen sie in ihrer Irrationalität vorweg der Erklärung, statt daß man sie zum Ausgangspunkt nimmt.

Entscheidend ist jedoch, daß 1917 oder 1918 keineswegs eine historische »Stunde Null« schlug, daß es vielmehr Kontinuitäten gab, die auf den Ersten Weltkrieg und seine Vorgeschichte zurückverweisen. Das zaristische Rußland mochte eine gefährliche Militärmacht sein, aber die Feindbilder blieben im Westen angesiedelt. Das wurde in den »Ideen von 1914« schlagartig sichtbar. Wie der Historiker Georg von Below sie formulierte, wurde überall geredet und geschrieben: »Die Erlebnisse des Ersten Weltkriegs haben den Zusammenbruch der Ideale der französischen Revolution dargetan. Die Ideen der Freiheit, Gleichheit, Brüderlichkeit sind durch die deutschen Ideen von 1914, Pflicht, Ordnung, Gerechtigkeit überwunden.«*

Mit der Vorhersage von Zusammenbrüchen hat es manchmal eine vertrackte Bewandtnis. Doch in der Tat: »1789« und die »Ideen von 1914« wurden zu den Symbolen des Westens und Deutschlands stilisiert und zu einem Gegensatz erhoben, der hinabreichen sollte bis in die Tiefen des jeweiligen Unwesens oder Wesens. Demokratie taugte nicht, jedenfalls nicht für die Deutschen, wie Thomas Mann in seinen »Betrachtungen eines Unpolitischen« es eindringlich zum Ausdruck brachte: »Ich will nicht Politik. Ich will Sachlichkeit, Ordnung, Anstand ... Ich bekenne mich tief überzeugt, daß das deutsche Volk die politische Demokratie niemals wird lieben können aus dem einfachen Grunde, weil es die Politik selbst nicht lieben kann, und daß der vielverschriene ›Obrigkeitsstaat‹ die dem deutschen Volk angemessene, zukömmliche und von ihm im Grunde gewollte Staatsform ist und bleibt ... Der Unterschied von Geist und Politik enthält den von Kultur und Zivilisation, von Seele und Gesellschaft, von Freiheit und Stimmrecht, von Kunst und Literatur; und Deutschtum, das ist Kultur, Seele, Freiheit, Kunst und nicht Zivilisation, Gesellschaft, Stimmrecht, Literatur.«* Daß Deutschland sich im Fegefeuer des Krieges von allen Einflüssen des westlich Wesensfremden würde reinigen können, das war die große Hoffnung.

Um so schlimmer dann für die Republik! Mit ihr triumphierte der Feind nicht nur militärisch von außen, sondern gleichsam von innen her; von den »Ideen von 1914« aus betrachtet, verkörperte sie den Verrat am deutschen Wesen. Und hier nun stößt man auf die wirklich wichtige Frontlinie. Auf der einen Seite standen die meist halbherzigen und wenig mitreißenden Verteidiger der Republik, auf der anderen deren Verächter und Feinde. Prüft man die Denkströmungen in der Weimarer Republik, so verblüfft, in welchem Maße das antidemokratische Feindbild oder, vielleicht noch genauer und umfassender, eine antiliberale Grundhaltung so viele und sonst sehr unterschiedliche Personen und Bewegungen verband.* Das gilt bis in scheinbar ganz politikferne Bereiche, zum Beispiel in der Theologie, deren antiliberale Wendung Karl Barth 1919 mit seiner Auslegung »Der Römerbrief« wie mit einem Paukenschlag eröffnete.

Im politischen Felde war besonders bezeichnend die Vielfalt der Gruppen und Stimmen, die man im Begriff der »konservativen Revolution« zusammengefaßt hat.* Deren entschiedenste Vertreter haben ausdrücklich versucht, den Gegensatz zwischen »rechten« und »linken« Lagern zu überwinden, um alle Kräfte gegen Liberalität und Demokratie zu bündeln. »Preußentum und Sozialismus« hieß ein bezeichnender Buchtitel Oswald Spenglers aus dem Jahre 1920. Oder um Ernst Jünger das Wort zu geben: »Je zynischer, spartanischer, preußischer oder bolschewistischer ... das Leben geführt wird, desto besser wird es sein.«* Ein Freund Jüngers war der »Nationalbolschewist« Ernst Niekisch, der für einen schicksalhaften Zusammenschluß Deutschlands und der Sowjetunion eintrat, um gemeinsam den geistigen und praktischen Kampf gegen den Westen auszufechten.

Das Verquere am deutschen Denken und Handeln war insgesamt also nicht, daß die Ängste einer bürgerlichen Gesellschaft vor der bolschewistischen Gefahr in die Aggression umschlugen, sondern daß ein bürgerlicher Selbsthaß mächtig wurde, der die Traditionen und historisch grundlegenden Werte des bürgerlichen Geistes ebenso als »undeutsch« verachtete und zerstörte, wie mit ihnen die politische Freiheit. Ein Gegenspieler Carl Schmitts, der Staatsrechtslehrer Hermann Heller, hat dies erkannt und beschrieben, als er im Jahre 1930 beschwörend sagte:

»Indem das Bürgertum aber Rechtsstaat, Demokratie und Parlamentarismus konventionelle Lügen nennt, straft es sich selbst Lügen. Durch seinen neofeudalen Gesetzeshaß gerät es nicht nur in einen Selbstwiderspruch mit seinem eigensten geistigen

Sein, sondern verneint auch die Existenzbedingungen seines gesellschaftlichen Lebens. Ohne die Gewißheit der gesetzmäßigen Freiheit der Meinungsäußerung, der Freiheit des Religionsbekenntnisses, der Wissenschaft, Kunst und Presse, ohne die rechtsstaatlichen Sicherungen gegen willkürliche Verhaftungen und gegen willkürliche Verurteilungen durch diktatorisch abhängige Richter, ohne das Prinzip der Gesetzmäßigkeit der Verwaltung kann das Bürgertum weder geistig noch ökonomisch leben. Ein Bürgertum, das durch die Renaissance hindurch gegangen ist, kann nicht, ohne Selbstmord zu begehen, sich vom Diktator sein Fühlen, Wollen und Denken vorschreiben ... lassen.«*

Nicht um eine wie immer verzerrte Form von Selbstverteidigung, sondern um solch einen Selbstmord ging es tatsächlich. In den Lehrbüchern vom wohlverstandenen Interesse ist er nicht vorgesehen, und auch nachträglich läßt er sich in ihnen nirgendwo unterbringen.

Um zu Ernst Nolte zurückzukehren: Seine Darstellung eines europäischen Bürgerkrieges verfehlt für Deutschland wie für Europa die eigentlich wichtigen Fronten. Und sie gerät ins Unhistorische, wenn sie den Anschein erweckt, als lasse sich aus der bolschewistischen Machtergreifung in Rußland die Antwort ableiten, die das deutsche Denken und Handeln bestimmte.

Vielleicht läßt sich die Verfehlung daraus erklären, daß Nolte selbst noch oder wieder jene antiliberale deutsche Einstellung vertritt, von der her man die westliche Zivilisation als gültige Lebensordnung nicht wahrhaben will oder gar nicht erst wahrnimmt: eine Einstellung, die der liberalen Demokratie – mit Werner Sombart zu reden in der Gegensatzkonstruktion von »Händlern« und »Helden« – wirkliche Kampfbereitschaft auf Leben und Tod abspricht und sie damit als geschichtliche Größe ausblendet, als gäbe es sie nicht und hätte sie auch niemals gegeben. Jedenfalls liegt diese Deutung nahe, wenn man bei Nolte neuerdings liest: »Es ist schlechterdings nicht mehr zu übersehen, daß der Liberalismus, sofern er sich zum Liberismus fortentwickelt oder von diesem abgelöst wird, die Nationen tötet und nach dem Ende einer gigantischen Bevölkerungsverschiebung auch die Menschheit töten könnte.«* So ungefähr hat es bei den kulturpessimistischen deutschen Propheten des Weltuntergangs von Paul de Lagarde bis Oswald Spengler schon immer geklungen.

Man muß Nolte darum den Respekt nicht versagen. Er hat den groß angelegten und geradezu altmeisterlichen Versuch unternommen, das deutsche Drama in der Epoche der Weltkriege vernünftig zu deuten, um es damit in die Überlieferung europäischen Geistes hineinzuretten. Das Scheitern dieses Versuchs führt seine eigene Beweiskraft mit sich. Aber es sollte keinen Vorwand für schale Triumphe liefern, sondern zu Fragen herausfordern, die an die Klüfte jener verlorenen Vernunft heranführen, aus denen die Mythen emporsteigen.

Der Reichtum der Vielfalt und die unruhige Nation

Wenn man fragt, wann in den Vorstellungen unserer Nachbarn das Bild des Deutschen sich zu wandeln beginnt – fort vom liebenswert verträumten Michel, hin zum finster aufstampfenden Mann in den Schaftstiefeln –, dann läßt sich zwar kein genaues Datum, aber doch eine Scheidelinie angeben. Denn dieser Wandel setzt seit der Reichsgründung ein, und er zeigt sich in den Deutschen selbst. Die Erfüllung einer Jahrhundertsehnsucht nach der Einheit ihrer Nation, stürmisch umjubelt, besänftigt sie nicht, sondern versetzt sie in Unruhe.* »Wohin denn nun?« lautet die Frage, die sie immer dringender stellen, und höchst gegensätzlich klingt, was die Dichter ihnen zuraunen. Bei Georg Herwegh, dem fast schon vergessenen Freiheitskämpfer von 1848, heißt es im »Epilog zum Krieg«:

»Schwarz, weiß und rot! Um ein Panier
Vereinigt stehen Süd und Norden;
Du bist im ruhmgekrönten Morden
Das erste Land der Welt geworden:
Germania, mir graut vor dir!

Mir graut vor dir, ich glaube fast,
Daß du, in argen Wahn versunken,
Mit falscher Größe suchst zu prunken,
Und daß du, gottesgnadentrunken,
Das Menschenrecht vergessen hast.«*

Mit ganz anderen Ahnungen ging Heinrich Leuthold um, als er 1872 »Das Eisen« beschwor:

»Nicht des Geistes, sondern des Schwertes Schärfe
gab dir alles, wiedererstandnes Deutschland:
Ruhm und Einheit, äußere Macht und Wohlfahrt
dankst du dem Eisen!

Laß die Harfen tönen von Siegesgesängen,
aber halte mitten im Jubel Wache!
Unter Lorbeerzweigen und Myrtenreisern
trage das Schlachtschwert!

Denn die Zeit ist ehern, und Feinde dräun dir
wie am Hofe Etzels den Nibelungen;
selbst zur Kirche nur in den Panzerhemden
gingen die Helden.

Meine Mahnung wird erst der Enkel segnen,
wenn er unverdrossen die Waffen wahrte
Menschenalter hin, bis es ihm obliegt, im
Weltkrieg zu siegen.«*

Bismarck war Preuße und Europäer genug, um zu wissen, wie sehr seine Gründung alle Gewichte verschob, und er versuchte nach Kräften, den neuen Nationalstaat still zu halten. Um so mehr brach nach 1890 hervor, was sich offenbar nicht mehr zurückstauen ließ. »Volldampf voraus!« lautete die Parole des jugendlich ungestümen Kaisers. 1891 wurde der »Alldeutsche Verband« gegründet, ein lautstarker Propagandaverein für Kolonialerwerb, Aufrüstung und Expansion. 1895 erklärte der große Gelehrte Max Weber: »Wir müssen begreifen, daß die Einigung Deutschlands ein Jugendstreich war, den die Nation auf ihre alten Tage beging und seiner Kostspieligkeit halber besser unterlassen hätte, wenn sie der Abschluß und nicht der Ausgangspunkt einer deutschen Weltmachtpolitik ein sollte.«* 1897 prägte der Staatssekretär des Auswärtigen Amtes und spätere Reichskanzler Bernhard von Bülow den Satz: »Wir wollen auch unseren Platz an der Sonne.« 1898 begann unter Tirpitz' Regie der Schlachtflottenbau. Im Krieg, im Sommer 1915, legten 352 Hochschullehrer eine Resolution vor, in der es hieß:

»Ganz gewiß, nicht Weltherrschaft, aber volle, der Größe unserer kulturellen, wirtschaftlichen und kriegerischen Kraft entsprechende Weltgeltung wollen wir.« Dann wurde gefordert, daß Belgien ein deutsches Protektorat werden und Frankreich wichtige Gebiete von Belfort bis zur Kanalküste abtreten solle. »Grundlage zur Wahrung unseres Volkswachstums aber bietet Land, das Rußland abtreten muß. Es muß landwirtschaftliches Siedlungsland sein. Land, das uns gesunde Bauern, diesen Jungbrunnen aller Volks- und Staatskraft, bringt...«* Fast bis in die Wortwahl hinein wurde damit Hitlers Programm schon vorweggenommen.

Wie soll man das alles erklären, welch ein Dämon ließ die Deutschen nicht zur Ruhe kommen und aufs Spiel setzen, was sie besaßen? In der wilhelminischen Zeit schritt die wirtschaftliche Entwicklung rasch voran; in zukunftsweisenden Bereichen wie der chemischen Industrie und der Elektrotechnik nahm man einen führenden Platz ein, wie in der wissenschaftlichen Forschung ohnehin, und die Entwicklung des Sozialstaates brauchte keinen Vergleich zu scheuen. Die Auswanderungszahlen, die im 19. Jahrhundert so kennzeichnend gewesen waren, als nackte Not Millionen forttrieb, sanken ins Unbedeutende ab. Deutschland bot den Deutschen Arbeit und Brot, bei langsam, aber stetig wachsenden Einkommen. Von einem »Volk ohne Raum«, wie später der Buchtitel von Hans Grimm hieß, der zum Schlagwort wurde, konnte darum keine Rede mehr sein. Nur eines hätte man unbedingt tun müssen, um den Platz an der Sonne nun wirklich einzunehmen und zu genießen: den Frieden wahren, statt mit massiver Flottenrüstung das seebeherrschende Großbritannien in die Schranken zu fordern. Wenn es aber zutrifft, daß ein Wandel zum Schlimmeren mit der Reichsgründung begann, dann liegt es nahe, den Nationalstaat zu prüfen und zu fragen, ob seine Fundamente tragfähig waren. Vielleicht kann man es so formulieren:

Deutschlands Reichtum war immer die Vielfalt. Gewiß stammte sie aus der stets beklagten und nun – wie es schien – glücklich überwundenen Kleinstaaterei. Aber welch ein Erbe hat sie uns bis heute hinterlassen, von sozialdemokratischen Stadträten als den Nachfahren der Fürsten und Standesherren mit Eifer gehütet: Theater, Opernhäuser, Orchester, Kunstsammlungen und Museen in einer Fülle wie nirgendwo sonst. Anders als zum Beispiel in Frankreich ist darum die Provinz immer mehr als nur das. Zugespitzt und keineswegs abschätzig gemeint: Deutschland, das ist die Summe des Provinziellen. Weimar mag als Symbol gelten. Doch ebenso kann man Residenzstädte wie Meiningen, Coburg, Kassel und Detmold besuchen. Oder auch Bochum; Fürstliches zu begründen, das es nicht gab, lassen sich Sozialdemokraten eben nicht lumpen.

Mit der Vielfalt sind die regionalen Prägungen verbunden, wie die Literatur sie spiegelt. Sogar das gilt bis heute: Was wäre denn Heinrich Böll, sei es im Widerspruch, ohne Köln, was Günter Grass ohne Danzig, Uwe Johnson ohne Güstrow und die mecklenburgischen Seen, was Siegfried Lenz ohne Masuren? Und was wüßten wir vom althanseatischen Lübeck ohne Thomas Manns »Buddenbrooks«, von der Mark Brandenburg ohne Theodor Fontane, von oberbayerischen Bauern und Kleinbürgern ohne Ludwig Thoma, vom Alemannischen ohne Johann

Peter Hebel? In einem wohlverstandenen Sinne war deutsche Literatur weithin Heimatliteratur und ist es geblieben, auch oder gerade in dem Besten, das sie bietet. Freilich gilt das dann für das Finstere ebenso: für den Kitsch, fürs Übergolden und Glätten, für das Dumme und Dumpfe, Fremdenfeindliche, für den Aufstand wider Weite und Weltoffenheit, wider die Urbanität, den nicht nur die Nationalsozialisten zu dem ihren machten.

Wer »Heimat« scheut, weil sie die Gefühle befrachtet, könnte mit geringen Abwandlungen vom Milieu sprechen. Dieser Begriff meint über mehr oder minder lange Zeiträume gewachsene Lebensformen, in die der einzelne sich eingebettet findet und die ihn bestimmen und stützen. Denn in allerdings enger Umgrenzung liefern sie Orientierung; sie sagen, wie man sich verhalten soll und wie besser nicht. Milieus umfassen Arbeitswelt, Familie, Ausbildung, Bräuche, Feste, das Vereinswesen, die Konfession, das ganze Dasein. Weil sie dem Leben Richtung und Profil geben, schaffen sie in und mit ihren Umgrenzungen zugleich das, was wir Identität nennen.

In Deutschland gab es sehr viele und sehr unterschiedliche Milieus: ländliche, klein- und großstädtische, konfessionelle, aristokratische, bürgerliche und proletarische, und fast immer waren sie zugleich regional bestimmt. Darum gab es Unterschiede sogar dann, wenn es sich um die gleiche Schicht handelte. Der Kaufmann in Lübeck lebte in anderen

Formen und Vorstellungen als der in Augsburg, und Welten trennten den süddeutsch-katholischen Adel vom preußisch-protestantischen.

Die Prägung durch Milieus setzte sich ins Politische fort und bestimmte selbst die Parteien. So waren die Sozialdemokraten eine Partei der Industriereviere und Großstädte, mit denen sie wuchsen, eine Partei des Arbeitermilieus, das ihnen den Boden bereitete und das sie im Wechselverhältnis zugleich als das sozialistisch-gewerkschaftliche entwickelten; das Zentrum organisierte die katholischen Interessen im entsprechenden Milieu; die Konservativen besaßen ihre Stärke vor allem als ostelbische Agrarpartei. Folgerichtig ging es bei Wahlkämpfen nicht darum, in fremde Milieus einzubrechen, sondern darum, das eigene zu mobilisieren.

Die moderne Entwicklung brachte es allerdings mit sich, daß immer mehr Menschen sich in die traditionellen Milieus nicht mehr einpassen wollten oder einpassen konnten, und nach dem Ersten Weltkrieg schwoll die Zahl dieser Milieulosen zum Millionenheer. Ganz besonders galt das für ehemalige Soldaten, die nirgendwohin zurückfanden. Hitler gehört zu ihnen. Schon vor 1914 war er aus allen Bindungen herausgebrochen; darum hatte er den Kriegsbeginn wie eine Erlösung erlebt und in der Kriegskameradschaft eine Ersatzheimat gefunden. Nun machte er aus der Not eine Tugend. Seine Bewegung bot nicht nur den Milieulosen Zuflucht, sondern erhob die Aufsprengung überkommener

Milieus zum Programm. So gesehen stellte die NSDAP eigentlich die erste moderne Volkspartei dar.* Das Stichwort zum Niederreißen der Milieuschranken hieß »Volksgemeinschaft«. Sie bedeutete durchaus mehr als bloß eine Propagandaparole; wer will, kann hier von der »sozialistischen«, jedenfalls von einer radikal antikonservativen Komponente der Bewegung sprechen. Die Vision von der Volksgemeinschaft faszinierte zumal junge Menschen, die aus der Enge herausstrebten.*

Eine Gegenprobe ließe sich aus Studien über den Widerstand gewinnen, soweit er im Dritten Reich ernsthaft versucht worden ist. Er stammt durchweg aus den noch vorhandenen Milieus, sei es als proletarischer, christlicher oder preußisch-aristokratischer Widerstand. Im Überkommenen gewann man Maßstäbe zum Kampf gegen Unrecht und Gewalt. Aber zur Sache gehörte, daß weniges von dem, was man plante, in die Zukunft wies. So ehrenhaft, ja bewundernswert der Lebenseinsatz jedes einzelnen sein mochte: Fast immer war an diesem Widerstand etwas Gestriges. Daher der Eindruck von Zwiespalt und Schwäche, vom Ausharren auf verlorenem Posten, der sich im Rückblick aufdrängt.* Zum Nationalsozialismus dagegen gehörte eine Paradoxie, sein Doppelgesicht. Einerseits redete man beschwörend von »Blut und Boden« und feierte rückwärtsgerichtet alles, was die Bindung an »Heimat« verhieß; andererseits – und in der Praxis weit wirksamer – zerstörte man Heimat und Milieu, um gewissermaßen den zukunftstauglichen Einheitsdeutschen zu schaffen.

Wir kehren zum Ausgangspunkt zurück. Den Reichtum der Vielfalt, wie er Deutschland bis zur Reichsgründung auch politisch kennzeichnete, mag man sich als Idylle vorstellen. Dazu paßt der verträumte Michel oder der Herr Hermann aus Nürnberg, wie Balzac ihn schildert: gebildet, gutmütig, trinkfreudig und mit seinem altdeutschen Appetit gesegnet. Aber man darf die Armseligkeit und Enge nicht übersehen, die für die Mehrheit der Menschen und bis in die höheren Bürgerschichten hinauf den Alltag kennzeichnete. Wie es im »Faust« heißt:

> »Entbehren sollst du! Sollst entbehren!
> Das ist der ewige Gesang.«

Daß man sich aus der Gedrücktheit fortsehnte ins Freie und Weite, ist verständlich. Zuerst waren es nur wenige, die solch eine Sehnsucht bemerkten und aussprechen konnten, weil die Umstände ihnen Spielräume schufen: wohlhabende und gebildete Bürger, die Angehörigen akademischer Berufe und Professoren, Literaten und Künstler, Staatsbeamte in den höheren Rängen, Studenten. Ziemlich genau werden damit die Gruppen bezeichnet, die in der ersten Hälfte des 19. Jahrhunderts die Nationalbewegung trugen – und deren Repräsentanten sich 1848 in der Frankfurter Paulskirche zusammenfanden.

Die bürgerliche Revolution ist gescheitert, aber

die nationale Bewegung zerbrach nicht. Im Gegenteil: Mit der wirtschaftlichen Entwicklung zur Industriegesellschaft und der im Zeitalter der Eisenbahnen beginnenden Massenmobilität, mit dem sprunghaften Wachsen der Städte und den großen Binnenwanderungen von Osten nach Westen erfaßte diese Bewegung stets weitere Kreise. Denn immer mehr Menschen sahen sich gleichsam einer Zerreißprobe, dem grundlegenden Widerspruch ausgesetzt, einerseits in die alten Milieuschranken gebannt zu bleiben und andererseits zu neuen Verhaltensformen, zur Beweglichkeit in beinahe jedem Sinne gefordert zu werden. Die Einheit der Nation mochte ein Schlagwort oder ein Traum sein, aber sie erschien als Verheißung, den Widerspruch endlich und für die Dauer aufzulösen.

Immer weniger war es mithin möglich, der Nationalbewegung noch mit Unterdrückung beizukommen. Wer sie mit den Mitteln des alten Obrigkeitsstaates versuchte, geriet ins Ausweglose. Bismarcks Flucht nach vorn zur Reichsgründung aus Preußens militärischer Leistungstüchtigkeit stellte sich daher als die einzig mögliche Rettung dar – zwar nicht Preußens, wie sich zeigen sollte, aber der alten Staatsgewalten, die ihr Ansehen neu und nachhaltig zurückgewannen.

Welch eine Begeisterung über das endlich Erreichte: »Meine Augen gehen immer herüber zu dem Extrablatt, und die Tränen fließen mir über die Backen. Wodurch hat man die Gnade Gottes verdient, so große und so mächtige Dinge erleben zu dürfen? Und wie wird man nachher leben? Was zwanzig Jahre der Inhalt alles Wünschens und Strebens gewesen, ist nun in so unendlich herrlicher Weise erfüllt. Woher soll man in meinen Lebensjahren noch einen neuen Inhalt für das weitere Leben nehmen?« Das schrieb der Historiker Heinrich von Sybel im Januar 1871, und er sprach nicht mit vereinzelter Stimme, sondern für die herrschende Stimmung. Übrigens behalf er sich dann, indem er ein Standardwerk der preußisch-deutschen Selbstbewunderung schuf: »Die Begründung des Deutschen Reiches durch Wilhelm I.« – in sieben Bänden.*

Aber woher stammte dieser Jubel, woher eigentlich die historische Macht der Nationalbewegung? Weil sie gesiegt hat, erscheint im Rückblick ihr Triumph als beinahe selbstverständlich, so daß solch eine Frage kaum mehr gestellt wird. Doch Ideen allein pflegen sich zu blamieren. Hier indessen gab es eine handfeste Hoffnung auf das Niederreißen von Schranken, auf eine Befreiung aus dem Bannkreis der Traditionen. Die Kleinstaaterei war eben zugleich mit der Enge der Milieus verkettet, und mit den politischen Grenzen sollten auch die gesellschaftlichen überwunden werden.

Ähnlich war es stets schon gewesen, seit der Nationalismus in der französischen Revolution seinen historischen Siegeszug antrat. Als 1789 die Ständeversammlung sich zur Nationalversammlung erklärte, proklamierte sie damit – wirksamer als mit jedem anderen Schritt – die Einheit und die Gleichheit aller Franzosen. Als Unrecht, das stürzen mußte, erschienen fortan die Ständeschranken, alle die Privilegien und Vorrechte, die die Gesellschaft des Ancien régime zerklüfteten.

In Deutschland stellte sich der Sachverhalt weniger dramatisch dar, weil es nicht um Prinzipien des Rechts oder Unrechts ging, die man mit einem Federstrich beseitigen konnte, sondern um die zählebige Vorherrschaft der Milieus. *Darum* kam in Wahrheit die nationale Bewegung 1871 keineswegs ans Ziel und zur Ruhe, sondern sie führte weiter und weiter. Denn erst einmal schlug die Begeisterung in Enttäuschung um. Nur wenig bewegte sich. Wilhelm I. klammerte sich ans Hergebrachte. Am Vorabend seiner Kaiserproklamation in Versailles dachte er an Abdankung und bekannte Bismarck unter Tränen: »Morgen ist der traurigste Tag meines Lebens. Da tragen wir das preußische Königtum zu Grabe.« Sogar der Reichsgründer selbst wurzelte noch tief im Vergangenen.

Folgerichtig ist der Machtwechsel von 1890 vielen Zeitgenossen als ein neuer Aufbruch erschienen, und sie haben auf den stürmisch in die Zukunft weisenden jungen Kaiser gesetzt. Welche Hoffnungen damals geweckt wurden, hat Theodor Fontane, der so liebevoll von altpreußischen Lebensformen erzählte, treffend beschrieben, wenn er über Wilhelm II. sagte: »In gewissem Sinne befreit er uns von den öden Formen und Erscheinungen des alten

Preußentums, er bricht mit der Ruppigkeit, der Popligkeit, der spießbürgerlichen Sechserdreierwirtschaft der 1823er Epoche, er läßt sich, aufs Große und Kleine hin angesehen, neue Hosen machen, statt die alten auszuflicken. Er ist ganz unkleinlich, forsch und hat ein volles Einsehen davon, daß ein deutscher Kaiser was anderes ist, als ein Markgraf von Brandenburg.«*

Fontane hat freilich auch das Zwiespältige gesehen: »Was mir an dem Kaiser gefällt, ist der totale Bruch mit dem Alten, und was mir an dem Kaiser nicht gefällt, ist das dazu im Widerspruch stehende Wiederherstellenwollen des Uralten.«* Es ging zugleich um eine romantische Wendung nach rückwärts, um die Verklärung mittelalterlicher Kaiserherrlichkeit ebenso, wie um die Betonung des Gottesgnadentums und die Bewahrung des Adels als der führenden Schicht.

Um so gewaltiger dann der Aufbruch und der Jubel vom August 1914. Seine Tiefendimension enthüllt sich in den Worten des Historikers Hermann Oncken, der aussprach, was so viele erhofften: »Wir haben alle die große Stunde erlebt, wo ein frevelhafter Angriff alle Deutschen einte.« Es entstand »ein beseligendes Gefühl: jetzt sind wir wahrhaft, jetzt sind wir endlich eine einige Nation ... Darin aber besteht die große Aufgabe der inneren Politik, das rasch Gewonnene, das die Not an einem großen Tage mit Unerbittlichkeit vollbracht, nicht wieder in müderer Zeit zu verlieren: die edlen Kräfte, die unnatürlich brachgelegen hatten oder sich in bitteren Kämpfen untereinander verzehrten, nunmehr dauernd in den natürlichen Organismus einzuordnen. Es gibt kaum ein inneres Kriegsziel, das wertvoller wäre. Jetzt handelt es sich darum, daß nach den deutschen Stämmen auch die deutschen Klassen zu einer einzigen sozialen und nationalen Gemeinschaft sich für immer verschmelzen.«*

Wies das nicht schon – nach einem bitter enttäuschenden Rückfall in müdere Zeit – voraus zur Vision von der »Volksgemeinschaft«, in die der Aufbruch von 1933 führen sollte? Oder gar zu dem Jubel nach dem Anschluß Österreichs 1938, dem niemand mehr nachhelfen mußte: »Ein Volk, ein Reich, ein Führer«?

Indessen entstand, je länger desto mehr, ein wahrhaft abgründiges Problem. Wenn nämlich die Vielfalt der alten Milieus den Menschen zur Verhaltenssicherheit und zu ihrer Identität verholfen hatten, dann mußte die nationale Einheit hierfür Ersatz schaffen. Woher ihn nehmen? Welche deutschen Verhaltensmaßstäbe gab es, auf welchen Fundamenten beruhte die nationale Identität? Man konnte doch nicht gut die hanseatischen Kaufleute und die preußischen Junker oder Beamten, die münsterländischen Katholiken und die württembergischen Pietisten zu einem Einheitsbrei zerstampfen, um den dann als »deutsch« zu verabreichen. Ohnehin erwies der Reichtum der Vielfalt seine liebenswerte Fähigkeit zum Überdauern, so daß sich der vornationale

Widerspruch in ein neues Doppelleben, eine Art von Schizophrenie verwandelte: hier die Menschen noch immer in ihren Milieus, dort die Deutschen als Deutsche. Der Herr Hermann aus Nürnberg verschwand nicht einfach, sondern er stellte sich nur als ein anderer dar, wenn er im 20. Jahrhundert sein Kontor verließ und eine Uniform anzog, um für Deutschland zu kämpfen.

Soll man also von einem Volk ohne Maßstäbe, gar von der bodenlosen Nation sprechen? Entsprang daher die Unruhe, die die Deutschen seit ihrer Reichsgründung weiter und weiter umtrieb?

Die deutsche Verlegenheit

»Was ist des Deutschen Vaterland?« fragte einst Ernst Moritz Arndt und wehrte erst einmal die Beschränkungen ab, die regionale Genügsamkeit:

> »O nein! nein! nein!
> Sein Vaterland muß größer sein.«

Doch drei Strophen geben dann Antwort:

> »Was ist des Deutschen Vaterland?
> So nenne mir das große Land!
> So weit die deutsche Zunge klingt
> und Gott im Himmel Lieder singt,
> das soll es sein!
> Das, wackrer Deutscher, nenne dein!
>
> Das ist des Deutschen Vaterland,
> wo Eide schwört der Druck der Hand,
> wo Treue hell vom Auge blitzt
> und Liebe warm im Herzen sitzt –
> das soll es sein!
> Das, wackrer Deutscher, nenne dein!

Das ist des Deutschen Vaterland,
wo Zorn vertilgt den welschen Tand,
wo jeder Franzmann heißet Feind,
wo jeder Deutscher heißet Freund –
das soll es sein!
Das ganze Deutschland soll es sein!«

Sieht man vom Freund-Feind-Verhältnis, vom Franzosenhaß ab, so bleibt im Grunde sehr wenig. Denn was läßt sich mit Liebe und Treue politisch anfangen? Kann man damit die Deutschen von Tschechen, Polen oder Dänen unterscheiden? Am meisten beeindruckt das unfreiwillig groteske Bild von einem Gott, der sich seine Zeit offenbar damit vertreibt, daß er deutsche Volks- und Kunstlieder singt, als sei er Heino oder Dietrich Fischer-Dieskau. (Das Mißverständnis ließe sich vermeiden, wenn vor »Gott« statt des »und« ein »für« stünde.) Aber im Grotesken versteckt sich ein Problem, die Verlegenheit: Man weiß keine Antwort. Oft kleidet sich diese Verlegenheit in die Tautologie: Deutsch ist, was deutsch ist, von Eichen und Flüssen – vorab dem Rhein – bis eben zur Liebe und Treue.

»Deutsche Frauen, deutsche Treue,
deutscher Wein und deutscher Sang
sollen in der Welt behalten
ihren alten schönen Klang,
uns zu edler Tat begeistern
unser ganzes Leben lang –

Deutsche Frauen, deutsche Treue
deutscher Wein und deutscher Sang!«

– heißt es im »Lied der Deutschen« von Heinrich Hoffmann von Fallersleben, Strophe zwei.

Wie tief die Verlegenheit reicht, zeigen Vergleiche mit unseren Nachbarn im Osten und Westen. Polens neuere Geschichte war zwar vom Unglück bestimmt. Zwischen 1795 und 1918 hat es einen selbständigen Staat nur von 1806 bis 1813 als das »Herzogtum Warschau« und nur von Napoleons Gnaden gegeben; im Zweiten Weltkrieg hat das Land mehr gelitten als jedes andere, und auch für die Zeit zwischen 1945 und 1989 kann man von Unabhängigkeit nur bedingt sprechen. Aber die Identität ihrer Nation war für die Polen nie ein Problem. Wenn der Staat zerbrach, wurde sie bewahrt in der Katholizität, in der Kirche und im Glauben, die im Kontrast zu den Hauptteilungsmächten, dem protestantischen Preußen-Deutschland und dem orthodoxen Rußland, um so schärfere Konturen gewannen. Bezeichnenderweise stellt sich die dritte, die katholische Teilungsmacht Österreich in weit milderem Licht und nicht selten so undeutlich dar, als hätte es sie kaum gegeben. Mit der inbrünstigen Hinwendung der Nation zu ihrer Schutzpatronin, der Heiligen Jungfrau, blieb in der Kirche aufgehoben, was man brauchte, damit Polen nicht verloren war: Zugehörigkeit, Lebensanweisung, Hoffnung. Daher kommt bis heute der Kirche eine Bedeutung zu, wie sonst in Europa wohl nur noch – und aus ähnlichen Gründen – in Irland. Womöglich beginnt die moderne Herausforderung aus dem Glauben heraus erst jetzt, in einem nicht mehr bedrohten Staat.

Deutschland ist seit Reformation und Gegenreformation ein kirchlich zerklüftetes Land. Man kann daher keine Konfession politisch ins Spiel bringen, um nationale Identität zu stiften. Wer es dennoch versucht – wie im Kulturkampf der Bismarckzeit –, der schafft keine Einheit, sondern Gegensätze und Bitterkeit.

Frankreich hat aus seiner großen Revolution von 1789 fast das Modell des europäischen Nationalstaats geschaffen. Das bedeutet allerdings nicht, daß »die eine und unteilbare« auch zur einigen Nation geworden wäre. Im Gegenteil: Ein tiefwurzelnder, höchst konfliktträchtiger Gegensatz ist entstanden und geblieben. Dafür zeugen im 19. und im 20. Jahrhundert Revolutionen und Gegenrevolutionen, Erschütterungen und Umstürze, die Wechsel der Staats- und Verfassungsformen. Es gibt eine zäh beharrende, erzkonservative und im Gegensatz dazu eine republikanisch-linke Bürgerlichkeit.

Aber Bürgerlichkeit eben doch, hier wie dort. Sie ist es, die sich mit der Zerstörung des Ancien régime als gesellschaftlich und politisch bestimmende Lebensordnung durchgesetzt hat. Daher der verbindende Stolz auf den Vorbildcharakter der Bürgernation; daher die tiefere Einheit bei aller Schärfe der

Konflikte. Daß im Abstand von nur wenigen Monaten die Massen in Paris dem Marschall Pétain ebenso zujubelten wie General de Gaulle, bleibt nur für den Außenstehenden rätselhaft.

In Deutschland hat sich das Bürgertum im Laufe des 19. Jahrhunderts zwar wirtschaftlich durchgesetzt, aber politisch gerade nicht. Das Scheitern der Bürgerrevolution von 1848 und die Begründung des Nationalstaates aus Preußens Militärmacht führten zur nachhaltigen Wiederaufwertung des alten Obrigkeitsstaates. Nach 1871 begann, was man »die Verjunkerung der Bourgeoisie« genannt hat.* Reserveoffizier in einem möglichst vornehmen Regiment und Mitglied in einer schlagenden Verbindung zu sein, erschien als prestigeträchtiges »Standes«-Symbol. Den Widerspruch, die innere Gebrochenheit hat ein Liberaler in seinem Lebensrückblick beschrieben:

»Verglichen mit dem Reichtum und der realen Macht der rheinisch-westfälischen Industrieherren nahm sich jetzt der Adel in Brandenburg und Pommern kümmerlich aus. Aber Kohle und Stahl bezogen von Roggen und Zuckerrübe die Maßstäbe der Vornehmheit und politischen Korrektheit. Sich dem freiheitlichen Gedanken zuliebe Richtungen anzuschließen, die ihren Söhnen den Eintritt in das Offizierskorps der Reserve und ihren Töchtern das Tanzen mit Leutnants verwehrt hätte, waren die großen Bürgerlichen nicht bereit.«* Und wie dann erst die Kleinbürger! Man versteht, daß der alte Theodor

Mommsen resigniert beklagte, im Sinne seiner Freiheitsideale nicht mehr Bürger sein zu können: »Das ist nicht möglich in einer Nation, in der der einzelne, auch der Beste, über den Dienst im Gliede und den politischen Fetischismus nicht hinauskommt.«*

Dieser »Dienst im Gliede« zeigte sich in einer Uniformgläubigkeit, die nicht nur im Schelmenstück des »Hauptmanns von Köpenick« ihren vollendeten Ausdruck fand, sondern sogar in urbürgerlichen Institutionen. »Das deutsche Parlament ist das einzige in der Welt, in welchem die Minister und ihre Vertreter mit dem Säbel an der Seite erscheinen und mit der Hand auf dem Degenknauf ihre Reden halten. Bei etwas lebhaften Regungen in der Debatte geschieht es auch, daß unwillkürlich diese Stützung der Hand auf den Schwertgriff sich zu einer charakteristischen Gebärde gestaltet. Auch diese Eigentümlichkeit unserer repräsentativen Zustände entbehrt nicht des tiefen Sinnes.«*

Ähnlich die Universitäten. Seit Sedan wurde es üblich, von einer »Geistesaristokratie« statt von der Gelehrtenrepublik zu sprechen. Und »es gab Todesanzeigen von hochverdienten Professoren aus der Kaiserzeit, die ihre Stellung als Leutnant der Reserve noch vor ihrer Mitgliedschaft in hohen Akademien der Wissenschaften angaben.«*

Das alles darf man keineswegs als Kuriosität abtun. Im harten politischen Kern handelte es sich darum, daß das Bürgertum immer weiter aus den Freiheitspositionen von 1848 desertierte – und darum als »rote Gefahr« und »vaterlandslose Gesellen« diejenigen um so schärfer ausgrenzte, die die alten Ideale beim Wort nahmen und eine parlamentarische Demokratie verwirklichen wollten. Es liegt nahe, von einem Renegatentum zu sprechen, in dem der Selbsthaß brütet. Der repräsentative Renegat und einflußreiche Lehrer einer ganzen, der wilhelminischen Generation war der Historiker Heinrich von Treitschke. Er hat denn auch mit wünschenswerter Deutlichkeit geredet:

»Alle Gesellschaft bildet von Natur eine Aristokratie. Die Sozialdemokratie kennzeichnet den Unsinn ihrer Bestrebungen schon durch den Namen.« Denn »die Masse wird immer die Masse bleiben müssen. Keine Kultur ohne Dienstboten. Es versteht sich doch von selbst, wenn nicht Menschen da wären, welche die niedrigen Arbeiten verrichten, so könnte die höhere Kultur nicht gedeihen. Wir kommen zu der Erkenntnis, daß die Millionen ackern, schmieden und hobeln müssen, damit einige Tausende forschen, malen und dichten können. Das klingt hart, aber es ist wahr und wird in aller Zukunft wahr bleiben. Mit Jammern und Klagen ist hiergegen gar nichts auszurichten. Der Jammer entspringt auch nicht der Menschenliebe, sondern dem Materialismus und Bildungsdünkel unserer Zeit.«*

Wie nach innen, so nach außen. Zum Selbstverständnis einer Bürgernation, die dies nicht sein wollte, fügte sich vortrefflich, daß man die Einheit im Trimph über den »Erbfeind« im Westen, gegen die Bürgernation par excellence erkämpft hatte. In diesem Sinne war der Sedantag volkstümlich; in diesem Sinne wurden die deutschen »Ideen von 1914« im feindlichen Gegenüber zu »1789« formuliert. Und von da aus dann: Wehe einer Republik mit bürgerlicher Freiheitsverfassung im eigenen Land. Wehe ihr als dem Inbegriff des Wesensfremden, des Undeutschen, des Verrats!

Aber mit der Negation allein ist es schwerlich getan. Unerbittlich kehrt die Frage von Ernst Moritz Arndt zurück: »Was ist des Deutschen Vaterland?« Worauf gründete positiv die Einheit der Nation, wie konnte sie als politische Lebensordnung ihr Profil gewinnen? Die Verlegenheit um eine Antwort ließ Zufluchten suchen, wo sie dem Anschein nach sich boten.

Die eine fand man im Mittelalter. Erfüllte sich nicht, als Auferstehung, in der neuen Reichs- und Kaiserherrlichkeit die alte? Wer träumte denn nicht vom Glanz besonders der Stauferzeit? Und kündete die Sage nicht seit je von einer wunderbaren Rückkehr? In der Frühzeit der Nationalbewegung, 1816/17, hat Friedrich Rückert in seinem »Barbarossa«-Lied Sehnsucht und Sage in ihre seither populäre Form gebracht und das Wesentliche schon in den ersten drei Strophen gesagt:

»Der alte Barbarossa,
der Kaiser Friederich,
im unterird'schen Schlosse
hält er verzaubert sich.

Er ist niemals gestorben,
er lebt darin noch jetzt;
er hat im Schloß verborgen
zum Schlaf sich hingesetzt.

Er hat hinabgenommen
des Reiches Herrlichkeit
und wird einst wiederkommen
mit ihr, zu seiner Zeit.«*

Die Sage hat ihren Ort im Herzen Deutschlands, im thüringischen Kyffhäuser-Gebirge, dort, wo der Nordrand des Höhenzuges steil zur Ebene der Goldenen Aue abfällt und einen weiten Blick ins Land erlaubt. Hier stand einst und verfiel dann die mittelalterliche Reichsburg Kyffhausen; hier wurde das gewaltige National-Monument erbaut, das vom glorreich auferstandenen Mittelalter redet. Zu diesem Bau rief im März 1888, nur wenige Tage nach dem Tod Kaiser Wilhelms I., die »Parole« auf, die Zeitung des Deutschen Kriegerbundes. Die Arbeiten begannen 1892, die Einweihung erfolgte im Beisein Wilhelms II. am 18. Juni 1896, dem Jahrestag der Schlacht bei Waterloo und des Einzugs Wilhelms I. in Berlin nach dem Sieg über Frankreich. Den Entwurf lieferte der Architekt Bruno Schmitz, der auch die Bauleitung übernahm; das Reiterstandbild Wilhelms I. mit seinen Nebenfiguren schuf der Bildhauer Emil Hundrieser. In der Endabrechnung kostete die Anlage 1 452 241,37 Mark, eine für die damalige Zeit gewaltige Summe.

Das Monument gliedert sich gewissermaßen in zwei Etagen. In der unteren, in einem von Steintrümmern übersäten Hof, den Zerfall des alten Reiches symbolisierend, wächst die Sagengestalt Barbarossas, des Stauferkaisers Friedrich, aus dem Felsen hervor. Die Figur scheint Michelangelos Moses (Grabmal Julius II., San Pietro in Vincoli zu Rom) nachempfunden zu sein. Auf »Barbablanca«, den Weißbart Wilhelm übertragen, hat bei seiner Weiherede Oberpfarrer Hesse hierauf angespielt: »Und dem Heere voran, ein Greis fast, und doch in jugendlicher Kraft; wie ein Moses einst, umjauchzt vom Jubel seines Volkes, getragen von seiner Liebe, gestärkt durch ein unbegrenztes Vertrauen, zog der Mann, der in seiner Demuth groß war, Wilhelm der Siegreiche.«*

In der oberen Etage, vor einem wuchtigen Turm, reitet der Siegreiche nun, neun Meter hoch vom Pferdehuf bis zur Helmspitze. Ihm zu Füßen sitzt auf der rechten Seite ein finster blickender, wohl germanisch gemeinter Krieger mit Brustharnisch und Flügelhelm, auf einen Rundschild gestützt. Seine Kraft spannt das Schwert über dem Knie wie einen Bogen. Zur Linken blickt die Walkürengestalt der »Geschichte« zum Kaiser empor, mit Löwenfell und Eichenlaubkranz. Der rechte Arm, mit dem Griffel in der Hand, ruht auf einer schildartigen Tafel mit der Inschrift »Sedan-Paris-1870«. Geschichte als Huldigung, Verherrlichung, Rechtfertigung; unwillkürlich fällt einem da der Baseler

Beobachter Jacob Burckhardt mit seiner Notiz ein, es würden künftig wohl alle Darstellungen der neueren Geschichte »auf 1870/71 orientiert« werden, »bis die ganze Weltgeschichte von Adam an siegesdeutsch angestrichen« sei.*

Wilhelm II. sagte in seiner Rede, das Monument solle »den kommenden Geschlechtern ... ein Mahnzeichen sein, einig und treu zu bleiben in der Hingebung an Kaiser und Reich, an Fürst und Vaterland; fest zu halten an dem, was das Vaterland groß gemacht hat; Deutschlands Ehre und Wohlfahrt höher zu stellen als alles irdische Gut.« Es steht dahin, ob daran die jungen Soldaten der Bundeswehr dachten, die der Verfasser 1994 beim Kyffhäuser-Denkmal traf. Aber der Besuch lohnt sich; hier kann man erkennen, wie der erste deutsche Nationalstaat sich eine Tradition, die geschichtliche Grundlage zu schaffen versuchte, die es nicht gab.

Denn das war und das blieb das Problem: Was eigentlich ließ sich aus der mittelalterlichen Kaiserherrlichkeit – die im nie endenden Kampf mit vielfältig auseinanderstrebenden Kräften meist zur elenden Plackerei geriet – für den modernen Nationalstaat ableiten? Was als Substanz für die deutsche Identität gewinnen? Die Antwort muß lauten: nichts, sofern man von romantischer Schwärmerei und der Mythologie absieht. In abgründiger Unsicherheit, im Bewußtsein des Ungenügens haben darum später die Fluchtbewegungen ins längst Vergangene noch viel weiter geführt als bloß bis ins

Mittelalter, bis zu dem Punkt, an dem alle Gemütlichkeit aufhört, weil Geschichte in den Wahn einer biologischen Vorbestimmung umschlägt. Hans Freyer, ein bedeutender Gelehrter – übrigens kein Nationalsozialist, nur ein Sprachrohr des Zeitgeistes – hat 1935 den Sachverhalt so dargestellt:

»In den Gesichtern der Großväter erkennen wir das eigene Gesicht. Sind hundert Generationen so viel mehr als drei? Vor dem ewigen Willen des Bluts ist der Unterschied klein. Der Bauer hinter dem gegenwärtigen Pflug, der Soldat unter dem modernen Stahlhelm ist Holz vom Stamme der Ostfahrer, der Völkerwanderer und des Teutoburger Waldes ... Ein dichtgeflochtenes, wurzelhaftes Leben, eins mit vielen, bereitet sich durch den Raum der Jahrtausende. Die Zeit ist beinahe nur das Kleid seiner Allgegenwart ... Groß sind nur die Zeiten, deren Sinnen und Trachten an das zeitlose Wesen angeschlossen ist. In ihnen erwacht, abseits aller Forschung, ein Wissen um die Macht der Wurzeln. Doch vor allem die Wurzeln selbst erwachen zu einem neuen Frühling. Sie geben wieder unmittelbare Geschichte aus sich her ... Zukunft liegt über dem Heute, weil er eine Wandlung des Ewigen ist. Die Menschen glauben, schreiten aus, blicken vorwärts, und zwischen ihnen reitet, ungesehen, der Reiter aus Bamberg.«*

Einer der Schwärmer vom ewigen Willen des Bluts und vom völkischen Wurzelfrühling war der Reichsführer SS Heinrich Himmler, von dem Alexander Fürst zu Dohna-Schlobitten in seinen »Erinnerungen eines alten Ostpreußen« berichtet: »Als ich ihm von der Holzburg der alten Prußen auf dem sogenannten Schloßberg im Prökelwitzer Wald erzählte, geriet er augenblicklich in Begeisterung, und sein dabei zutage tretender Germanenfimmel machte mich doch ein wenig stutzig.« Ausgrabungen wurden veranlaßt, und Dohna fährt fort: »Im Herbst 1935 besichtigte ich die Ausgrabungen gemeinsam mit Himmler. Dabei hob er einen ganz ordinären, faustgroßen Feldstein auf und rief begeistert: ›Das ist ein altgermanischer Hammer!‹ Mich durchzuckte es wie ein Blitz: Der Mann muß verrückt oder schizophren sein. Im Prökelwitzer Wald hatte es nur heidnische Prußen, die Bronzewaffen führten und die überhaupt nichts mit den Germanen gemeinsam hatten, oder deutsche Ordensritter gegeben, die längst eiserne Waffen besaßen.«*

Doch die Verrücktheit betraf keine Einzelperson, und sie war folgerichtig. Wenn man in Geschichte und Gesellschaft keinen Halt fand, dann mußte eben, um die Einheit zu schmieden und Identität zu stiften, die germanische Herrenrasse in ihrer Abgrenzung gegen die Minderwertigen erfunden werden, gegen Juden und Slawen vorab. Was zählte da noch, daß halb Deutschland selbst slawischen Ursprungs war?

Ein anderer Fluchtversuch aus der deutschen Verlegenheit sei noch erwähnt. Im 19. Jahrhundert wurde es üblich, von der *Kulturnation* zu sprechen;

daraus ergab sich wie von selbst eine Frontstellung gegen die westliche *Zivilisation.* Identitätsstiftend sollten neben der Sprache vor allem die großen Kulturleistungen wirken – so vereinfacht ausgedrückt, wie sich der Sachverhalt zumeist auch darstellte: im Stolz darauf, zur Nation zu gehören, die Goethe und Beethoven hervorbrachte und von »Bildung« gekrönt wurde.

Der klassische Bildungsbegriff, wie ihn zum Beispiel Wilhelm von Humboldt vertrat und im Universitätswesen zu seiner Höhe führen wollte, war freilich stets übernational angelegt und ohne seinen Rückhalt in der Antike gar nicht zu denken. Und Kunstwerke von Rang entwachsen ihrem Ursprung; sie werden zum menschheitlichen Besitz, zu einem Welterbe. Shakespeare »gehört« den Engländern so wenig wie Beethoven den Deutschen. Der Stolz auf die Kulturnation muß darum zu der kulturfeindlichen Verengung führen, von der schon Heinrich Heine ahnungsvoll gesprochen hat:

»Der Patriotismus des Deutschen besteht darin, daß sein Herz enger wird, daß es sich zusammenzieht wie Leder in der Kälte, daß er das Fremdländische haßt, daß er nicht mehr Weltbürger, nicht mehr Europäer, sondern nur ein enger Deutscher sein will. Da sahen wir nun das idealische Flegeltum, das Herr Jahn« – der Turnvater – »in System gebracht; es begann die schäbige, plumpe, ungewaschene Opposition gegen eine Gesinnung, die eben das Herrlichste und Heiligste ist, das Deutschland hervorgebracht hat, nämlich gegen jene Humanität, gegen jene allgemeine Menschenverbrüderung, gegen jenen Kosmopolitismus, dem unsere großen Geister, Lessing, Herder, Schiller, Goethe, Jean Paul, dem alle Gebildeten in Deutschland immer gehuldigt haben.«* Am Ende stand dann, einmal mehr folgerichtig, die Bücherverbrennung von 1933, die Verfemung und Vertreibung von Geist und Kultur, gefolgt von der Verdammung einer angeblich entarteten Kunst, weil sie zum völkischen Wurzelfrühling nicht paßte.

Im übrigen bleibt rätselhaft, was man aus Literatur oder Musik für die Begründung und Gestaltung einer politischen Einheit ableiten kann. Nach 1945 war darum das Entsetzen darüber, daß beispiellose Verbrechen sich »im Lande Goethes« zugetragen hatten, ebenso unpolitisch naiv wie ein »Zurück zu Goethe!«, als sei das die Rettung.

Kurzum: Die Erfindung der »Kulturnation« war nur einmal mehr ein vergeblicher Fluchtversuch aus der deutschen Verlegenheit; sie war ein Ausdruck des Problems, als dessen Lösung sie sich ausgab.

Die Magie der Macht

»Nicht durch Reden und Majoritätsbeschlüsse werden die großen Fragen der Zeit entschieden – das ist der Fehler von 1848 und 1849 gewesen –, sondern durch Eisen und Blut.« Im Jahre 1862, als Bismarck das sagte, schlugen die Wogen der Entrüstung hoch; ein erzreaktionärer »toller Junker« schickte sich offenbar an, Unheil zu stiften, jetzt gar als preußischer Ministerpräsident! 24 Jahre später, in der Sitzung des preußischen Abgeordnetenhauses vom 28. Januar 1886, kam Bismarck auf sein Wort zurück: »Ich kann nicht dafür, daß ich damals mißverstanden worden bin. Es handelte sich um militärische Fragen, und ich hatte gesagt: Legt eine möglichst starke militärische Kraft, mit anderen Worten möglichst viel Blut und Eisen in die Hand des Königs von Preußen, dann wird er die Politik machen können, die ihr wünscht; mit Reden und Schützenfesten und Liedern macht sie sich nicht, sie macht sich nur durch Eisen und Blut.«

Jetzt antworteten nicht mehr Empörung oder Beklemmung, sondern Bewunderung und Beifall; Bismarck selbst hatte mit seinen Erfolgen populär werden lassen, was man als Real- und vor allem als Machtpolitik verstand. Schon 1866 war der altpreußische Konservative Ernst Ludwig von Gerlach ins

Abseits geraten und erntete bloß noch Gelächter, wenn er auf moralischen Prinzipien bestand. Bitter notierte er, was er von seinen ehemaligen Freunden in der konservativen Partei zu hören bekam: »Das sind die Traditionen des großen Kurfürsten und des großen Königs, dabei muß es auch ferner bleiben. – Es ist uns ja auch immer gut bekommen, zum Beispiel die Wegnahme Schlesiens. – Die Machtverhältnisse müssen eben zum Austrag kommen. – Aufs Recht kommt es nicht an, sondern auf die Macht.«* Und wie dann erst nach 1871! Nicht nur Heinrich von Treitschke predigte, »daß das Wesen des Staates zum Ersten Macht, zum Zweiten Macht und zum Dritten nochmals Macht ist«*. Die Wirkung solcher Predigten hat der Theologe und Philosoph Ernst Troeltsch beschrieben:

»Die Auffassung von Staat und Gesellschaft steht heute im Zeichen des Realismus. Ethische und kulturelle Ziele des Staates, wie sie die von Kant, Fichte und Hegel erzogene Generation verehrte, gelten als doktrinäre Kunstwerke der Studierstube oder als abstrakte Prinzipienreiterei ... Uns ist der Staat vor allem ein Erzeugnis der Macht, die im Kampfe menschlicher Interessen sich so oder so bildet ... Die Geheimnisse der Politik sind die Geheimnisse der Kunst, Macht zu bilden, zu befestigen, auszubreiten, gegen drohende Veränderungen zu schützen, aber nicht die Geheimnisse einer Staatstheorie und einer politischen Ethik ... Wie hat uns als jungen Studenten seiner Zeit das Herz geklopft, wenn uns Heinrich v. Treitschke mit seiner glühenden Rhetorik so den Staat beschrieb und die ethischen und juristischen Doktrinäre des Staatsbegriffes mit wenig wählerischem Spotte übergoß. Mit einer Art Wollust der Entsagung haben wir auf die dem jugendlichen Sinn so nahe liegenden theoretischen und ethischen Ideale verzichtet und mit dem nicht minder jugendlichen Bedürfnis, irgend etwas gründlich zu verachten, haben wir in unseren Gesprächen seinen Spott noch zu überbieten gesucht.«*

Aber natürlich noch weitaus wirksamer als Treitschkes Rhetorik war die Überwältigung durch Bismarcks Erfolgspolitik. Darum sah Troeltsch den Kern der politischen Erziehung durch Bismarck darin, »daß das Wesen des Staates Macht ist, daß er sein festes Knochengerüst hat an einem schlagfertigen Heere, daß er der beständigen drohenden Gefahr von außen und innen nur durch ebenso vorsichtigen als rücksichtslosen Machtgebrauch begegnen kann, und daß hierfür nichts so hinderlich ist, wie die Prinzipien und die Theorie.« Bismarck habe »in seinem Handeln und in seinem Programm die vollendete Prinzipienlosigkeit betätigt; ethische Mächte und Grundsätze bald benutzt und zu Hilfe gerufen, bald beiseite geworfen und verhöhnt. Es ist ein Ideal der Vorurteilslosigkeit und Unbefangenheit, das alles nur dem einen politischen Grundgedanken der dauernden, jedem Gegner überlegenen Macht unterordnet.« Diese Prinzipienlosigkeit »ist unter uns selbst zur Theorie geworden, die wir wohl auch mit etwas Nietzschescher Herrenmoral oder darwinistischem Kampf ums Dasein versetzen, von denen der Nachwuchs der regierenden Klassen weithin erfüllt ist.«*

Man könnte lange so fortfahren und Beleg auf Beleg häufen. Von der »Verjunkerung der Bourgeoisie«, ihrer Einpassung in den Obrigkeitsstaat, war schon die Rede. Mit Fontane zu sprechen, hat sich das Bürgertum immer mehr »verassessort und verreserveleutnantet«*. Nach Geist, Haltung und Auftreten vollzog sich eine Militarisierung der Gesellschaft, sogar dort, wo man in der Theorie die herrschende Ordnung bekämpfte. Alexander Rüstow hat die Erklärung »als leider völlig zutreffend« kommentiert, die der Unteroffizierssohn August Bebel 1892 im Reichstag abgab: »Der Herr Reichskanzler möge versichert sein, daß die deutsche sozialdemokratische Partei eine Art Vorschule des Militarismus ist.«*

Natürlich liegt es nahe, aufs preußische Erbe zu verweisen. Mirabeau wird die bildhafte Wendung zugeschrieben, Preußen sei in einer Kanonenkugel ausgebrütet worden, ebenso der Satz: »Die preußische Monarchie ist nicht ein Land, das eine Armee, sondern eine Armee, die ein Land hat, in welchem sie gleichsam nur einquartiert steht.«* Aber diese Armee war zugleich ein Staat im Staate, von der zivilen Gesellschaft betont unterschieden. In erster Linie *gehörte* sie dem König, auch nachdem es eine Verfassung und ein Parlament gab. »Sie muß eben«, wie

Ernst Ludwig von Gerlach 1851 schrieb, »um preußisch und um Armee zu bleiben, das Brot des Königs von Preußen essen und nicht das Brot der 2. Kammer.«* An zweiter Stelle gehörte die Armee dem Adel. In der friderizianischen Zeit besaß er ohnehin ein Monopol auf die Offiziersränge, und noch 1865 behauptete er die Mehrheit. Auf der anderen Seite wahrte die bürgerliche Freiheitsbewegung des 19. Jahrhunderts bis zur Bismarckzeit einen kritischen Abstand, weil die Armee als ein Instrument der Obrigkeit erschien, das die Unterdrückung garantierte. Kurzum: Die gesellschaftliche Militarisierung war weit weniger preußisch als deutsch-national.

Aber genügt die Verführung durch den Erfolg, um alles zu erklären? Warum konnte man die glücklich gewonnene Einheit nicht nutzen, um – nun erst recht – selbstbewußt eine freiheitliche Zivilgesellschaft und die ihr gemäße politische Ordnung durchzusetzen? Wie war es möglich, daß man Prinzipien der Ethik und des Rechts auf einmal als gering oder für nichts erachtete, nur um der Macht zu huldigen? »Es gibt nicht zwei Sorten von Anständigkeit, und was ein anständiger Mensch nicht darf, das darf auch ein anständiger Staat nicht«, schrieb 1887 Fontane.* Warum gerieten er oder Theodor Mommsen oder Ernst Ludwig von Gerlach in die Tiefe der Resignation? Die Antwort läßt sich in einen Satz fassen: Die Magie der Macht – und nur sie – lieferte, was man entbehrte: Zugehörigkeit, Verhaltenssicherheit, Identität und Selbstbewußtsein.

»Naja, in Uniform, da gehts ja, da macht man Figur, das gibt'n kollossalen Halt, da is man'n ganz anderer Kerl. Wissen S' – in Staatsbürjerkluft – da komm ick mir immer vor wie 'ne halbe Portion ohne Mostrich.« Diese Worte aus Carl Zuckmayers »Hauptmann von Köpenick« passen zum falschen Hauptmann wie zum echten Leutnant, auch zu dem der Reserve. Doch wer sich nur inbrünstig genug zur Macht bekennt, wer sich ihr bis in das Innere seiner Seele unterwirft, der darf sogar als Zivilist den Kopf höher tragen. Unterwerfung garantiert Zugehörigkeit; Identifizierung schafft Identität; im Glanz der Herrschaft sonnen sich die Knechte; Triumphe der Macht werden als die eigenen erlebt. So gesehen kann die Macht kaum mächtig genug sein. Von den Erwartungen ihrer Untertanen her wird sie zum Absoluten gedrängt. Nur eines darf sie dann nicht: in sich zusammenstürzen, wie es 1918 geschah. Übrigens zeigt schon der Begriff des »Staatsbürgers« – noch in der Bundesrepublik für fortschrittlich oder beinahe revolutionär gehalten, als die Reformväter der Bundeswehr den »Staatsbürger in Uniform« entwarfen – eine eigentümliche Fixierung. Der alte Mommsen wünschte eben nicht, Staatsbürger, sondern Bürger zu sein. Und wie seltsam würde sich in England ein »state-citizen«, in Frankreich ein »citoyen d'état« ausnehmen!

Verhaltensregeln entstehen fast von selbst, wenn es um die militärische oder militärähnliche Durchsetzung und Verteidigung der Macht geht. Leistungs- und Einsatzbereitschaft, Straffheit und Disziplin, die

Fähigkeit zum Befehlen wie zum Gehorchen, die kurzangebundene Schneidigkeit und die bürokratische Amtshoheit prägen sich als Tugenden ein. Sie überzeugen um so mehr, je weniger die alten Milieus noch genügen, um Selbstsicherheit zu gewinnen und zu bewahren. Oder noch wichtiger umgekehrt: Diese neuen Tugenden helfen aus den alten Einbindungen heraus, sie vereinheitlichen und uniformieren, sie schaffen ein nationales Erscheinungsbild. In der Armee als der »Schule der Nation« kommt der Sachverhalt exemplarisch zum Ausdruck.

Weil die Magie der Macht zum Selbstbewußtsein hilft, Verhaltenssicherheit schafft und Identität stiftet, ist sie kein Mittel, sondern ihr eigener Zweck. Was daraus folgt, hat noch vor dem Ersten Weltkrieg ein bedeutender Staatsrechtslehrer, Erich Kaufmann, ausgesprochen: »Machtentfaltung ist der Wille, sich in der Geschichte zu behaupten und durchzusetzen.«* Und »Machtentfaltung ist nur möglich durch die Belebung sämtlicher physischer und moralischer Energien. Von dem Machtgedanken aus wird der Staat zum Wohlfahrtsstaat und zum höchsten sittlichen Institut. Weil seine Organisation und seine Ordnung Machtorganisation und Machtordnung sein will, kann er zur obersten Gemeinschaft, zur Gemeinschaft schlechthin werden; denn nur weil er zu seinem Wesen und Bestande die höchste Kraftentfaltung braucht . . ., weil eine eigentümliche, sozusagen prästabilisierte Harmonie besteht zwischen Machtstreben und sittlicher Kraftanstrengung, kann er das eigentümliche Wesen werden, das überall die Macht will und eben darum das Höchste will.«*

Diese staunenswerte Harmonie erhebt freilich die Macht zum Maßstab der Sittlichkeit, und als Moral, gleichsam als kategorischer Imperativ der Macht kündigt sich die »totale Mobilmachung« an, wie sie Ernst Jünger in den zwanziger Jahren entwarf und 1932 in seinem Buch »Der Arbeiter« ausmalte. Indem die Machtentfaltung am unmißverständlichsten im Krieg zum Ausdruck kommt, ergibt sich folgerichtig »der siegreiche Krieg« als das »soziale Ideal«: »der siegreiche Krieg als das letzte Mittel zu jenem obersten Ziel« der Machtentfaltung.* »Im Kriege offenbart sich der Staat in seinem wahren Wesen, er ist die höchste Leistung, in dem seine Eigenart zur vollsten Entfaltung kommt. Hier hat er zu bewähren, daß ihm die Weckung und Zusammenfassung aller Kräfte gelungen ist, daß die höchsten Forderungen, die er stellt, auch wirklich erfüllt werden, und daß das Letzte seinem Bestehen in der Weltgeschichte geopfert wird... Je stärker diese Anforderungen und Leistungen werden, und je weiter und komplizierter sie sich bis in alle Verästelungen des Lebens hinein erstrecken, desto mehr wird der Krieg zu einer wirklichen Berechtigungs- und Leistungsprobe des ganzen Staates.«*

Das ist kein Imponiergehabe, kein Daherreden, sondern konsequent. Gerade die Macht als Selbstzweck braucht als ihr Gegenüber den Feind. Ohne ihn gerieten alle Anstrengungen, sie zu entfalten, ins

Sinnlose und Lächerliche; am Ende müßte die Macht im Leerlauf sich selbst zerstören. Und zur Feindschaft, die alle Kräfte weckt und in Dienst nimmt, gehört das Äußerste und Letzte: die Möglichkeit eines Ernstfalles, den der Tod regiert.

Wir sind jetzt an einem Aussichtspunkt angelangt, von dem aus die neuere deutsche Geschichte sich wie ein Panorama enthüllt. Man erkennt den Mythos vom Feind und vom Tod als das tragende Geistesgerüst unseres ersten Nationalstaates. Man durchschaut den Jubel vom August 1914 in seiner tieferen Bedeutung, als das Glück, aus einem falschen, weithin noch immer bürgerlich geruhsamen oder geschäftigen Leben in das eigentliche gerufen zu sein. Man begreift, warum eine abgründige Verstörung eintrat, als der Krieg nicht siegreich, sondern mit der Niederlage endete. Man versteht, warum eine Republik, die schwach und ohne Feindbild war, als verächtlich und undeutsch erschien.

Oder um noch einmal ins Kaiserreich zurückzukehren: Man versteht sogar das große wilhelminische Machtprojekt, den Schlachtflottenbau, obwohl er militärisch sinnlos und politisch verhängnisvoll war, weil er die Feindschaft Englands herausforderte. Genau diese Erschaffung eines Feindes war ihr verborgener, vorbewußter Sinn. Dem Kraftbewußtsein einer wirtschaftlich rasch voranschreitenden Bürgergesellschaft genügte der »Erbfeind« Frankreich eben nicht mehr, der noch – oder nur – für die preußische Bewährung taugte.

Wenn zudem das Bürgertum seine eigenen Freiheitsideale verriet und die Durchsetzung politischer Selbstbestimmung aufgab, dann mußte es im Gegenzug seine Fähigkeit zur Macht beweisen. Den »Platz an der Sonne« einer Weltmacht erkämpfen, hieß anders gewendet, aus dem Schatten Preußens und einer Armee heraustreten, die immer noch vom Prestige des Adels bestimmt wurde. Diese Armee unterstand dem König von Preußen, die Marine dagegen dem deutschen Kaiser. Und wenn der Adel die im Zeitalter der Repetier- und Maschinengewehre kaum mehr taugliche Kavallerie als besonders vornehm empfand und aufs Technische der Pioniere oder der Artillerie schon herabsah, dann stellte sich die Flotte als die Macht aus Maschinen, als Ingenieurs-Modernität dar: nicht als die Nostalgie, sondern als die Zukunft der Gewalt.

Vielleicht kann man den Sachverhalt noch anders und allgemeiner ausdrücken: Wer der Magie der Macht erliegt, wird zu ihrem Techniker und zum Befehlsempfänger auch dann, wenn er Karriere macht und in hohe oder höchste Ränge aufsteigt. Worauf es ihm ankommt, ist, die Macht virtuos zu handhaben und fachgerecht einzusetzen. Alles, was er dazu noch braucht, ist der Einsatzbefehl. In diesem Sinne gilt dann der Satz von Carl Schmitt: »Das Beste in der Welt ist ein Befehl!«* Denn er befreit von der Verantwortung.

Über das Freund-Feind-Verhältnis zu entscheiden und den Einsatzbefehl zu geben, wird zur Aufgabe einer höheren, überlegenen Instanz, zur Sache des Genies, das sich zur Führung berufen zeigt. Auch das haben die Deutschen an Bismarck abgelesen. Zwar hat Max Weber von seinem Erbe kritisch gesagt: »Er hinterließ eine Nation ohne alle und jede politische Erziehung, tief unter dem Niveau, welches sie in dieser Hinsicht zwanzig Jahre vorher bereits erreicht hatte. Und vor allem eine Nation ohne allen und jeden politischen Willen, gewohnt, daß der große Staatsmann an ihrer Spitze für sie die Politik schon besorgen werde.«*

Aber die Mehrheit der Bürger zog ihre eigene Konsequenz. Nach Bismarcks Sturz und mehr noch nach seinem Tod begann die große Zeit seiner Türme und Denkmäler. Was sie ausdrückten, war die Angst vor der Selbstverantwortung und die Sehnsucht nach der Rückkehr des Titanen, dem sie sich anvertrauen durften. Wie der Chronist der Denkmäler, Max Ehrhardt-Apolda, gesagt hat:

»Oh, daß uns die lebendige Erinnerung an den deutschen Mann Bismarck, der uns einzigste politische Kraft zeigte in den unbegrenzten Weiten und Tiefen seines deutschen Gemütes, Kraft verleihen möge zu hoffen ... Und so ist unsere Frage an den Gott, der Eisen wachsen ließ: Wann wirst du uns einen zweiten Bismarck schenken? Und erst wenn wir den haben –, ja dann wird die deutsche Welt aufhören, ihrem Bismarck Denkmäler zu setzen.«*

Ein Blick in den Abgrund

Oft und mit Nachdruck hat Hitler erklärt, daß sich ein 9. November 1918 in der deutschen Geschichte niemals wiederholen werde. Das Datum galt als Symbol des Absturzes in die Ohnmacht, und Hitler verstand sich als der Erlöser zu neuer und größerer Macht. Seine Erklärung war Drohung und Verheißung zugleich. Die Drohung galt den »Miesmachern«, den Zweiflern am Endsieg und natürlich jeder Form von Widerstand. Die Verheißung aber besagte, daß die Macht unüberwindbar sein werde, wenn sie entscheidend überbot, was im Kaiserreich noch gegolten hatte, wenn sie mithin alle Rücksichten aufgab, alle Rechtsschranken niedertrat, alle »Humanitätsduseleien« verabschiedete und sich *absolut* setzte.

Für die absolute Macht, die Menschen über Menschen verliehen sein kann, gibt es ein genaues Kennzeichen: die Verfügung über Leben und Tod, die in das Belieben der Machthaber gestellt ist. Mit ihr wird ein Tabu, eine Grundregel des Zusammenlebens gebrochen: »Du sollst nicht töten.« Zwar hat es das erlaubte Töten immer gegeben, nicht nur im Krieg. Immer aber war es an Bedingungen, Vorkehrungen gegen die Willkür, an Schranken gebunden.

Zur Zivilisationsentwicklung zählt, daß die Bedingungen verschärft, die Schranken enger gezogen werden; in der Abschaffung der Todesstrafe krönt sich der Rechtsstaat mit dem Verzicht auf die letzte Gewalt. Absolute Macht vollzieht darum mit dem Tabubruch zugleich einen Zivilisationsbruch.

Der Tabu- und Zivilisationsbruch begann gleich nach der »Machtergreifung« vom 30. Januar 1933. Sein Werkzeug waren die Konzentrationslager, die zunächst die SA »wild«, dann die SS systematisch einrichtete und betrieb.* Die Insassen der Lager hatten alle menschlichen Rechte verloren. Kein Anwalt oder Seelsorger stand ihnen bei, kein Journalist durfte berichten, was ihnen geschah. Hilflos waren sie der Willkür ihrer Bewacher ausgeliefert. Und von Anfang an war die Freiheit zum Töten ein Merkmal der Lager; darum gehörten die Todeszelle, die Erschießungsanlage, der Galgen zu ihnen, längst ehe es Gaskammern gab und die Massenvernichtung ihren Lauf nahm. Übrigens fand der Tabubruch seinen symbolischen Ausdruck in dem Totenkopf, mit dem die Wachmannschaften sich schmückten; seit 1936 hießen sie offiziell: SS-Totenkopfverbände.

Es vollzog sich zugleich eine radikale Umwertung, vielmehr Abwertung aller gewohnten Lebensbezüge, zum Beispiel der Arbeit. Ihr normaler Sinn ist es, das Leben zu sichern, indem sie dazu die Mittel beschafft. In den Konzentrationslagern des Dritten Reiches wurde dieser Sinn mit Vorsatz ins Sinnlose verkehrt: »In Dachau ließ man Häftlinge einen Karren mit Gummirädern, den berüchtigten ›Moorexpreß‹, mit Steinen beladen und durch tiefen Morast hin und her schieben. In anderen Lagern mußten die Gefangenen Steinmauern aufschichten, am nächsten Tag wieder abtragen, um sie am dritten Tag erneut aufzubauen. Man zwang die Gefangenen dazu, schwere Bahngleise im Laufschritt hin und her zu schleppen, Gräben auszuheben und wieder zuzuschütten oder Berge von Sand von einer Stelle zur anderen zu schaufeln.«*

Das Sinnlose enthielt gleichwohl einen Sinn. Indem man die Gefangenen zwang, bis an den Rand ihrer Erschöpfung und des Zusammenbrechens das Absurde zu tun, demonstrierte man ihnen von Tag zu Tag die unumschränkte Macht, der sie unterworfen waren.

Weil die absolute Gewalt alle Schranken zerbricht, kennt sie ihrem Prinzip nach keine Grenzen mehr. Vom Töten im Einzelfall zur Massenvernichtung, die keine Tat mehr ist, sondern bloße Tätigkeit, führt darum zwar ein weiter, aber gerader Weg. Immer neue Kategorien von Häftlingen wurden erfunden und der Gewalt unterworfen. Auf die politischen Gegner aus der Zeit der Weimarer Republik folgten die Kriminellen, die Homosexuellen, die Bibelforscher. Die ersten planmäßigen Vernichtungsaktionen galten noch nicht den Juden, sondern den Geisteskranken. Und wie selbstverständlich vollzog sich das Umschalten von einer Feindgruppe zur anderen; als man die Zigeuner für »lebensunwert« erklärte, wurden eben die Roma und Sinti von der Todesmaschine erfaßt: Befehl ist Befehl. Nicht weniger bedenkenlos ist man mit Polen oder russischen Kriegsgefangenen umgegangen.

Die Existenz der Lager war ein offenes Geheimnis. Jeder wußte von ihnen, auch wenn außer den Wachmannschaften und den Gefangenen keiner sie kannte. Dieses Wissen war wichtig weit über die Einschüchterung möglicher Regimegegner hinaus. Es sagte, daß man sich auf ein äußerstes Entweder-Oder von Macht und Ohnmacht, Freund und Feind, Leben und Tod eingelassen hatte. Dabei kommt es auf Zahlen nicht an, so bedrückend sie sein mögen. Wo nur ein einziger Mensch der Willkür ausgeliefert wird, ist bald keiner mehr sicher. Mit Recht hat darum Eugen Kogon, Häftling von 1938 bis 1945, vom SS-*Staat* gesprochen, als er das System der Konzentrationslager beschrieb.* Denn ebenso symbolträchtig wie handgreiflich handelte es sich um den Kern der Gewalt, die erst Deutschland ergriff und dann aufbrach, um Weltmacht zu werden.

Damit nähern wir uns nicht nur historisch einem Endpunkt. Der Mythos vom Feind und vom Tod mag sich in den Anfängen abseitig und beinahe harmlos ausnehmen: als Verstiegenheit aus Studierstuben oder als romantische Schwärmerei. Oder er mag von der Begeisterung reden, vom Idealismus des Selbstopfers, wie 1914 vor Langemarck. Aber näher und näher führt er an den Abgrund heran. Sein letztes Wort heißt: *Vernichtung.*

DRITTER TEIL

Eine deutsche Wende

»Es schwimmt der Held im eignen Blut?
Ende schlimm – alles gut!«

So hat Erich Kästner den »Selbstwert des Tragischen« auf seinen Begriff gebracht und hinzugefügt: Aus der großdeutschen Kunstlehre. »Die Toten verpflichten zu bedingungsloser Treue, zu Gehorsam und Disziplin gegenüber dem aus zahllosen Wunden blutenden Vaterland«, hieß der letzte Satz des letzten Wehrmachtberichts vom 9. Mai 1945. Gemeint waren natürlich keine Opfer der Vernichtung und keine Widerstandskämpfer, sondern die gefallenen Soldaten. Der Aufruf also zu einem ins Riesenhafte gesteigerten Langemarck-Mythos? Der Tod einmal mehr als das Maß – und dies gar »bedingungslos«? Ungewollt machte der Schlußsatz einen Anfang des Unheils kenntlich: Den bedingungslosen Gehorsam hatte 1934, nach dem Tode des Reichspräsidenten Paul von Hindenburg, die Reichswehr Adolf Hitler geschworen, nicht dazu gebeten oder gedrängt, sondern gleichsam im Handstreich ihres Minister-Generals Werner von Blomberg und seines Stabschefs Reichenau.

Doch etwas anderes, Erstaunliches begann jetzt.

Man hat später darüber gestritten, ob man die Kapitulation des 8. Mai 1945 als »Zusammenbruch« oder »Befreiung« bezeichnen solle; daran scheiden sich bis heute die Geister. Aber beides trifft zu, und beides gehört zusammen. Was *zerbrach*, war der Traum von der Macht. Er hatte sich als ein Alptraum erwiesen und in die Katastrophe geführt. Von dem Traum *befreit*, entdeckten die Deutschen sich als Privatleute, als die Bürger, die sie immer auch gewesen und geblieben waren.* Herr Hermann kehrte nach Nürnberg zu seiner Familie zurück und vergaß oder verdrängte den beleibten, uniformverliebten Doppelgänger. Was scherte ihn noch dessen Marschtritt durch Deutschland und Europa, »bis alles in Scherben fällt«?

Wenn Herr Hermann überhaupt noch träumte, dann vom Fortschaffen der Trümmer und vom Wiederaufbau seiner zerstörten Firma. Sogar die Tugenden wurden aus ihrer Ausrichtung auf den Staat befreit, den es nicht mehr gab oder der keinen Kredit mehr hatte. Fleiß, Leistungsbereitschaft, Disziplin, Opfer- und Ordnungssinn erschienen fortan als das, was sie gleichfalls seit jeher schon gewesen waren: als die Merkmale und Ehrenzeichen des Zivilbürgers.

Wer wollte, könnte von einer besonderen, auf ihre Weise gelungenen Form von »Entnazifizierung« sprechen. Konservative bestätigen den Sachverhalt, wenn sie die Preisgabe deutscher Kultur an die westliche Zivilisation beklagen und sie einer

Gehirn- oder Seelenwäsche zuschreiben, die mit der der alliierten »re-education« begann.* Aber wo hätte es die denn – jedenfalls in den westlichen Besatzungsgebieten – nachhaltig gegeben? Die Eigentumsverhältnisse wurden kaum angetastet, das hergebrachte Berufsbeamtentum sah sich bald bestätigt, wie die Meinung, daß vom Kindergarten bis zu den Universitäten das Bildungswesen »im Kern gesund« sei.* Ein durchgreifender Personal- und Elitenwechsel fand nirgendwo statt.

In der linken Gegenperspektive hat man darum die Restauration angeprangert, die, wie es hieß, mit dem amerikanischen Kurswechsel im Zeichen des beginnenden Kalten Krieges ihren Anfang nahm und sich in der Bundesrepublik vollendete. In Wahrheit jedoch entstand etwas historisch Neues: die Bürgergesellschaft und der Bürgerstaat, die nicht im Selbsthaß verraten und zerstört, sondern mit wachsendem Selbstbewußtsein angenommen wurden. Kaum zufällig erwies sich der prägende Gründervater der Bundesrepublik, Konrad Adenauer, als ein Inbegriff des durch und durch selbstbewußten Bürgers. In anderer, dennoch ergänzender Weise galt das für den ersten Bundespräsidenten. In der Einheit von Bildung und Liberalität, die Theodor Heuss verkörperte, kehrte wie nach hundertjährigem Dornröschenschlaf zurück, was die Freiheitsbewegung des 19. Jahrhunderts und das Paulskirchenparlament von 1848 auszeichnete. Fast möchte man meinen, daß die Geschichte – laut Bismarck noch genauer als die

Oberrechenkammer – das berühmte Bismarckwort in sein Gegenteil verkehrte: »Nicht durch Eisen und Blut werden die großen Fragen der Zeit entschieden – das ist der Fehler seit 1866 und 1870 gewesen –, sondern durch Reden und Majoritätsbeschlüsse.«

Wer den Sachverhalt illustriert sehen möchte, betrachte die Entwicklung der Bundeswehr. Der »Staatsbürger in Uniform« trägt kein »Ehrenkleid« spazieren, um das ihn die Zivilisten beneiden, sondern entledigt sich wie ein Polizist oder Feuerwehrmann des Dienstanzugs, sobald er die Kaserne verläßt. Und wie will man den zivilen Ersatzdienst als die mehr und mehr selbstverständliche Alternative zum Wehrdienst verstehen, wenn nicht aus einem grundlegenden Einstellungswandel? Daß man eine spezielle Dienstleistung erbringe, wie eben der Polizist oder der Feuerwehrmann, nämlich *den Frieden* zu sichern, statt im Ernst den Ernstfall vorzubereiten, gehörte zu den unausgesprochenen Voraussetzungen dafür, daß die Wiederbewaffnung insgesamt hingenommen wurde. Der bald umlaufende Witz ist so absurd nicht, wie er sich darstellt:

»Was tun Sie, wenn der Krieg ausbricht und die Rote Armee die Grenze überschreitet?« wird ein angehender Leutnant gefragt. »Ich begebe mich unverzüglich nach Hause.« – »Warum das?« – »Weil meine Aufgabe beendet ist, den Frieden zu sichern.«

In der Nationalen Volksarmee der DDR scheint sich der Witz allerdings nicht herumgesprochen zu haben, sonst hätten ihre Angehörigen, die seit 1990 in die Bundeswehr übernommen wurden, kaum darüber fassungslos staunen können, daß das Grundrecht aller Arbeitnehmer aufs private Wochenende den Kriegsbeginn zwischen Freitag und Montag ohnehin verbietet.

Das Zerbrechen der Machtträume, die in die Katastrophe geführt hatten, bildet den Schlüssel zum Verständnis des Wandels, der 1945 begann. Daß er nicht früher anzusetzen ist, zeigt ein Rückblick auf die Zukunftspläne des Widerstandes gegen die Gewaltherrschaft. Liberalismus und Parlamentarismus wurden fast durchgehend verworfen, weil man sie für den schmählichen Untergang des Rechtsstaates verantwortlich machte. Im übrigen bildete die Tatsache, daß die formelle Entnazifizierung weitgehend mißlang, eine paradoxe Voraussetzung dafür, daß die Mehrheit der Deutschen, die vor kurzem noch dem »Führer« zujubelte, den Zugang zur Demokratie fand, den sie in der Weimarer Republik verweigert hatte. Der machtbewußte und in mancher Hinsicht »patriarchalische« Regierungsstil nicht nur Konrad Adenauers, sondern auch vieler Landes-»Fürsten« und Stadtregenten, der den Bürgern außer ihrer Zustimmung zunächst wenig abforderte, mochte die Neuorientierung zusätzlich erleichtern. Aber natürlich handelte es sich um einen komplexen Vorgang; nur einige der insgesamt glücklichen Bedingungen seien hier knapp skizziert.

Zunächst ist daran zu erinnern, daß die Bundesrepublik zu den Gewinnern des Kalten Krieges gehörte und in seinem Zeichen unerwartet rasch wieder zum begehrten Partner aufrückte. Die Standhaftigkeit der Menschen in West-Berlin gegenüber der sowjetischen Blockade schuf Ansehen, wo eben noch die Verachtung herrschte, und führte der Sache nach bereits zu einem Bündnis, noch bevor es den neuen Staat überhaupt gab. Seine Hinwendung zum Westen ergab sich dann aus dem Feindbild nach Osten, aus der Furcht vor dem Kommunismus und der Roten Armee wie von selbst, und nicht als »Kanzler der Alliierten«, sondern mit nachhaltiger Zustimmung der Bevölkerung konnte Adenauer die Aussöhnung mit dem einstigen »Erbfeind« ins Werk setzen.

Der Parlamentarische Rat, von Männern wie Carlo Schmid und Theodor Heuss erleuchtet, bewies die skeptische Weisheit, für die man ein geschichtliches Vorbild wohl nur bei den amerikanischen Verfassungsvätern findet.* Das Bonner Grundgesetz beseitigte die Schwächen der Weimarer Reichsverfassung; er schuf die »wehrhafte« Demokratie und Voraussetzungen für ein kraftvolles Regieren. Nur vor der Einführung eines regierungsbildenden Wahlrechts nach englischem oder amerikanischem Muster schreckte er zurück.

Der Modernisierungsschub oder, anders ausgedrückt, die Zerstörung traditioneller Milieuschranken, vom Nationalsozialismus eingeleitet, vollendete sich in der Verwirbelung der Gesellschaft, die Krieg und Kriegsfolgen bewirkten. Eine noch nie gekannte Massenmobilität wurde möglich und notwendig. Sie führte Volksparteien wie zunächst die CDU/CSU und dann die SPD, aber auch Verbände einschließlich der Gewerkschaften zum Erfolg, die sich am pragmatischen Handeln statt an einer Lagermentalität orientierten, »welche die unbestreitbaren Vorzüge eines Katechismus und einer Felddienstordnung auf bestrickende Weise in sich vereint«*. Ohnehin wollte man von Weltanschauungen oder Mythen nichts mehr wissen, für die man gestern noch Kopf und Kragen riskiert und millionenfach verloren hatte; mit Recht hat Helmut Schlesky die Nachkriegsjugend als »die skeptische Generation« beschrieben.*

Sehr wichtig war der Massenzustrom teils aus den Gebieten jenseits von Oder und Neiße oder aus dem Sudetenland, teils aus der sowjetischen Besatzungszone und bis zum Mauerbau 1961 aus der DDR. Knapp 40 Millionen Menschen lebten 1939 im Gebiet der späteren Bundesrepublik; rund 12 Millionen Heimatvertriebene und Flüchtlinge kamen seit 1945 hinzu. Politisch erwiesen sie sich, entgegen allen Befürchtungen, als ein uneinnehmbares Bollwerk wider den Kommunismus, der sie all ihrer Habe beraubt und mit bitteren Erinnerungen befrachtet hatte.

Wirtschaftlich handelte es sich angesichts krassester Wohnungsnot und fehlender Arbeitsplätze zunächst um eine kaum tragbare Bürde. Aber sie verwandelte sich zum Segen. Weit mobiler als die

Einheimischen, zogen die Zuwanderer dorthin, wo im beginnenden Wirtschaftsaufschwung Fabriken und Büros sie erwarteten, oder sie gründeten selbst neue Unternehmungen. Zudem noch waren sie überragend leistungsmotiviert, weil sie ihren Anfangsnachteil gegenüber den Einheimischen ausgleichen und nicht zu Bürgern zweiter Klasse absinken wollten. Unwillkürlich wird man an die großen historischen Einwanderungsschübe in die Vereinigten Staaten erinnert; die oft registrierte und nicht selten beklagte »Amerikanisierung« der Bundesrepublik hat hiermit zu tun. Rein ökonomisch betrachtet erwiesen sich also der Verlust der Ostgebiete – deren Probleme die Weimarer Republik schwer belastet hatten – und die Teilung Deutschlands als ein Glück im Unglück; das »Wirtschaftswunder« der fünfziger Jahre läßt sich ohne diese Umstände schwerlich verstehen.

Doch insgesamt war die Leistungsmotivation sehr hoch. Dabei ging es nicht nur ums Materielle, um den verständlichen Wunsch, das Elend der Nachkriegsjahre hinter sich zu lassen, sondern ebenso oder noch mehr um psychologische Momente. Man arbeitete für die Familie und die Kinder, die es einmal besser haben sollten – selbst wenn sie darüber verloren, was sie an Zuwendung brauchten. Und vor allem: Arbeit richtet sich zur Zukunft, auf den kommenden Bedarf; mit jedem Federstrich oder Hammerschlag entfernt sie uns von dem, was gestern noch galt. Indem sie belastet, entlastet sie auch; sie hilft dazu, das Vergangene vergangen sein zu lassen und zu vergessen, was war. Ein Vergleich mit den psychologischen Faktoren läge nahe, welche die neuere Wirtschaftsentwicklung Großbritanniens bestimmt haben; wo man glorreiche statt peinigende Erinnerungen und das Standhalten, den »Geist von Dünkirchen« beschwören kann, tritt keine mobilisierende, sondern eher die gegenteilige Wirkung ein, wenn daraus die Schubkraft zum ökonomischen Aufbruch abgeleitet werden soll.

Andererseits läge ein Vergleich mit Japan nahe: hier wie dort die Verlierer des Krieges in den Trümmern ihrer Weltmachtträume, die sich aufs wirtschaftliche Tüchtigsein verlegen und gleichsam hinterrücks ein Siegesbewußtsein entwickeln, indem sie zu Weltmächten des Exports aufrücken. »D-Mark und Goldmedaillen bilden den Kern des deutschen Nationalbewußtseins«, hat man sarkastisch gesagt.* Die zweite Komponente läßt an das »Wunder von Bern« denken, an den Gewinn der Fußballweltmeisterschaft 1954. Als damals zur Siegesfeier die Nationalhymne erklang, sangen die »Schlachten«-Bummler aus der Bundesrepublik spontan mit – und zwar die *falsche* Strophe: »Deutschland, Deutschland über alles ...«

In seiner Erinnerung an den »Sedantag« des Kaiserreiches hat Sebastian Haffner geschrieben: »Das war eine Stimmung – ich finde für die Gegenwart keinen anderen Vergleich –, als ob die deutsche Nationalmannschaft die Fußballweltmeisterschaft gewonnen hätte, und zwar jedes Jahr aufs neue.«* Wahrscheinlich muß man den Vergleich beim Wort nehmen; der Gewinn der Weltmeisterschaft *war* ein Sedantag der Bundesrepublik, und womöglich hätte er sich besser und aufrichtiger zum neuen Nationalfeiertag geeignet als der 17. Juni mit seiner – bald bloß noch verlegenen – Erinnerung an die *Niederlage* der Freiheit in der DDR 1953. Jedenfalls wurden die »Helden von Bern« bei ihrer Rückkehr ebenso enthusiastisch gefeiert, wie einst die aus Frankreich heimkehrenden Regimenter. Damals immerhin, 1871, ließ Theodor Fontane am Ende seines »Einzug«-Gedichts den Alten Fritz von seinem Denkmalsockel herab leise sagen: »Bon soir, Messieurs, *nun* ist es *genug*.«

Für eine spätere Phase der Nachkriegsentwicklung lenkt das Stichwort »Goldmedaillen« den Blick auf die DDR: Neben, nicht hinter den Vereinigten Staaten und der Sowjetunion ist sie zur olympischen Weltmacht aufgestiegen – von ihrer schmalen Bevölkerungsbasis her gegen jede Wahrscheinlichkeit. Wiederum bietet sich – vielschichtig – eine psychologische Deutung an. Im Sport, und im Grunde einzig im Sport, war das strikte Konkurrenzverhalten nicht verpönt, sondern erwünscht. Die Athleten gewannen mit den Medaillenchancen Privilegien, zum Beispiel Reisemöglichkeiten, die sonst allenfalls den Rentnern zustanden. Das Regime fand Gelegenheit, sein »Weltniveau«, ja Überlegenheit zu demonstrieren, nach Zentimetern und Sekundenbruchteilen exakt vermessen. Und die Menschen in der DDR konnten sich durchaus un- oder vorpolitisch mit »ihren« Athleten identifizieren. Denn genau genommen gibt es ja keinen kapitalistischen oder sozialistischen Weitsprung, sondern nur die Siegesweite der Heike Drechsler.

Sieht man vom Sport einmal ab, so stellte sich die DDR als ein Gegenbild, als der unselig verkrüppelte Bruder der Bundesrepublik dar. Während im Westen die Amerikaner mit dem Marshallplan Hilfe leisteten, behinderte die sowjetische Besatzungsmacht bis in die fünfziger Jahre hinein mit rigorosen Demontagen und Reparationsforderungen den Wiederaufbau. Von Anfang an also benachteiligt und dann immer enger an die zentralistisch und bürokratisch gelenkte Planerfüllung gefesselt, von der Fata Morgana ihrer Erfolge in die Irre geleitet, blieb die DDR im wirtschaftlichen Wettbewerb mit der Bundesrepublik immer weiter und hoffnungsloser zurück. Wenn aber das deutsche Selbstbewußtsein sich seit 1945 gleichsam ökonomisierte, dann mußte diese Niederlage um so bitterer sein. Hinzu kam noch die historisch unabweisbare Nähe des »Klassenfeindes«, der die gleiche Sprache sprach und dessen Wohlstandstriumphe mit dem Aufkommen des Fernsehens auch optisch übermittelt wurden.

Es heißt den Sachverhalt nur in eine andere Perspektive bringen, wenn man sagt, daß von ihren Anfängen bis zum Untergang der DDR sich im Widerspruch zu den seit 1945 in Deutschland herrschenden Vorstellungen und Seelenkräften befand. Der Bürger, der seine Energie dem Eigenen zuwandte, war nicht willkommen, sondern verdächtig. Im Grunde verkörperte er den Klassenfeind. Die Strangulierung des Unternehmertums bis hin zu den Bauern und Handwerkern, das Ersticken selbstverantwortlichen Handelns insgesamt führte zur Massenabwanderung gerade der Menschen, die wichtig gewesen wären. Das setzte sich in immer neuen Schüben fort. Denn mit hohem Aufwand bildete die DDR zwar qualifizierte Fachkräfte aus. Wenn man ihnen dann aber keine Entfaltungsmöglichkeiten ließ, wurden gerade die Tüchtigen und Leistungsbereiten wiederum dazu gedrängt, ihr Glück im Westen zu suchen. So leistete unfreiwillig die DDR für die Bundesrepublik noch Entwicklungshilfe. Der Mauerbau von 1961 war daher unausweichlich, wenn »der erste sozialistische Staat auf deutschem Boden« überleben wollte; fortan war er auf Gedeih und Verderb an den Bestand seines »antifaschistischen Schutzwalls« gekettet.

Was der vormundschaftliche Staat positiv forderte, war im revolutionären Gewande das Alte, das seit jeher das Verhältnis von Obrigkeit und Untertanen bestimmt hatte: Gehorsam, Disziplin und idealistische Opferbereitschaft – wenn schon nicht auf Leben und Tod, dann doch auf Armseligkeit oder Wohlergehen. Doch die mythische Macht war dahin, der die Opferbereitschaft hätte gelten können, und es ist die Frage, ob sie überhaupt zu haben ist, wenn nicht der Tod sie regiert. Kurzum: Der Staat und seine Bevölkerung paßten nicht zueinander. »Die Lösung« nannte Bertolt Brecht das Gedicht, das er nach dem 17. Juni 1953 schrieb und an dessen Ende es heißt:

»... Wäre es da
Nicht doch einfacher, die Regierung
Löste das Volk auf und
Wählte ein anderes?«*

Aber dieses andere Volk gab es nicht, und das vorhandene trotzte jedem Versuch, es passend zu machen und *den neuen Menschen* zu schaffen. Was darum notwendig blieb, war das immer lauernde, niemals abwegige Mißtrauen der Obrigkeit, aus dem die *Staatssicherheit* ihr ständig dichteres Überwachungsnetz knüpfte und es bis zur krankhaften Perfektion fortentwickelte.

Für die Menschen blieben zwei Möglichkeiten. Die eine bestand darin, sich äußerlich anzupassen und auf alle Leistungsanforderungen mit unauffälliger Gleichgültigkeit zu reagieren, um das Wesentliche im Privaten zu suchen und dort nicht behelligt zu werden. Man hat von der »Nischengesellschaft« gesprochen*, die daraus entstanden ist, ein Widerschein von altdeutscher Innerlichkeit und Idylle, samt Enge und Nestwärme, Geruhsamkeit und der Zeit für Gespräche. Bei Günter Grass ist vom *Biedermeier* die Rede, das er bewahrt wissen wollte und dessen Verlust im Untergang der DDR er betrauerte* – als gehöre zu seiner Kehrseite nicht der Polizei- und Überwachungsstaat, das »System Metternich«.

Die zweite Möglichkeit war, sich der Macht zu verschreiben, um in Staat und Partei Karriere zu machen. Auch darin lag etwas hergebracht Deutsches. Denn im vormundschaftlichen Staat ist der Preis der Karriere ein Selbstverrat der Freiheit. Und wie schon immer drängt der Selbstverrat dazu, ihn auf Menschen abzulenken, die man stellvertretend zu Verrätern und zu Feinden erklärt.

Von Vatermördern und Pharisäern: Eine Zwischenbilanz

»Wie beschaffe ich mir Brot und Briketts? Wie ein Dach über dem Kopf, ein Paar Schuhe?« Das waren die Fragen der ersten Nachkriegszeit; ohne Heimat und Heim lebten Millionen von Menschen in krasser Not. Deutschland war materiell und moralisch in den Abgrund geraten. Aber für die nachträglich eingeforderte Trauerarbeit ließ der Existenzkampf wenig Zeit, auch nicht für Melancholie oder Depressionen. Eher trifft das Gegenteil zu; fast könnte man von einem Glücksgefühl, jedenfalls von Erleichterung sprechen. Denn der Bann des Todes war gebrochen. »Ich habe den Kopf, ich hab ja den Kopf noch fest auf dem Hals«, hieß der Kehrreim in Kästners »Marschlied 1945«, das Ursula Herking populär machte. Vielleicht niemals hat man so intensiv und dankbar Feste gefeiert wie inmitten der Ruinen. Im übrigen gab es den Hunger in vielfältiger Form, nicht nur in Träumen von Bratkartoffeln mit Speck oder Schinken, sondern ebenso als die Gier nach Kunst, Kino, Kabarett, nach Büchern: Wie viel galt es nachzuholen! In diesem Nachholen bereitete sich die Zukunft vor:

»Und liegt vom Kampfe in Trümmern
die ganze Welt zuhauf,
das soll uns den Teufel kümmern,
wir bauen sie wieder auf.«

Das hatte gerade noch die Hitlerjugend gesungen.* Doch statt eines mörderischen Strammstehens und Weitermarschierens im Gleichschritt, »wenn alles in Scherben fällt«, entdeckte die junge Generation jetzt eine andere Botschaft, etwas ganz Neues: die Faszination der Lässigkeit, von der die Glenn-Miller-Rhythmen in den amerikanischen Soldatensendern kündeten. Wenn es eine bis in die Tiefen des Selbstgefühls wirkende Umerziehung tatsächlich gegeben hat, dann war sie hier zu Hause, wo niemand an sie dachte. Pointiert ausgedrückt, im Symbolsinne für die Sehnsucht nach Leben: Mit AFN begann eine Einordnung in den Westen, längst bevor Konrad Adenauer sie politisch betrieb. Eben darum greifen die konservativen und die linken Klagen über den Sieg sei es der re-education, sei es der Restauration viel zu kurz; beide übersehen den elementaren Wandel, der mit dem Abschied von den Todesmythen eingeleitet wurde.

Wer wollte, könnte zu weltgeschichtlichen Betrachtungen ansetzen. Denn wer die Welt gewinnen möchte, muß ihr mehr bieten als nur die eigenen Schwerter oder Kanonen. Das römische und das britische Imperium haben Formen von Rang für die westliche Zivilisation entwickelt. Im Kontrast hierzu war das Scheitern der deutschen Weltmachtträume bereits darin angelegt, daß sie von einer Kulturmission zwar redeten, sonst aber bloß sehen ließen, was die Menschen und Völker ringsum befremdete oder abstieß, statt sie zu faszinieren. Die Sowjetunion mochte zeitweilig und aus der Ferne Intellektuelle oder Arbeitslose als das »Vaterland der Werktätigen« begeistern, doch gewiß nicht mit einer Lebensgestaltung, der irgendwer sich hätte zuordnen wollen. Amerika dagegen hat zumindest im Bereich der Jugendkultur die Welt durchdrungen. Die Eroberung Deutschlands zeichnete sich schon vor 1945 im Untergrund einer »Swing-Jugend« ab, gegen die Verbot und Verfolgung wenig bewirkten. Diese Ohnmacht der Macht ist dann immer wieder bestätigt worden, zum Beispiel in der DDR.

Ein neues Lebensgefühl und dann – jedenfalls in der Bundesrepublik – auch ein neues Selbstbewußtsein, bestimmt durch den Leistungswillen, von dem die Rede war, bestätigt durch den wirtschaftlichen Aufstieg, der alle Erwartungen weit übertraf und eine märchenhafte Wunscherfüllung mit sich brachte: vom Sattwerden über Motorisierung und Ferienreisen bis zum eigenen Haus und dem Abitur für die Kinder. Damit verbunden war die nicht bloß äußerliche, von den politischen Umständen erzwungene, sondern auch innere Hinwendung zum Westen, die ganz und gar unmythische, eher skeptische und dennoch nachhaltige Annahme seiner Zivilisation und der Demokratie: Die Deutschen, so schien es, hatten zur Normalität gefunden und den vormals so nachdrücklich beschworenen »Sonderweg« verlassen, der sie in die Irre und ins Unheil führte. Nach dreißig Jahren Bundesrepublik lautete das Fazit einer großangelegten, die Ergebnisse der Sozial- und Meinungsforschung systematisch auswertenden und den internationalen Vergleich einbeziehenden Untersuchung, daß eine politische Kultur entstanden sei, »die sich in kurzer Zeit nicht mehr von den alten Demokratien Europas und Nordamerikas unterscheiden wird«*.

»Ein schwieriges Vaterland«, hieß allerdings diese Untersuchung. Aber warum denn noch schwierig? In erster Linie besteht das Problem wohl darin, daß ein bloß wirtschaftlich begründetes Selbstbewußtsein sich kaum als standfest erweist. Es ist an die Gegenwart, an den Augenblick gekettet; der Erfolg trägt und verstärkt es, aber jeder Mißerfolg greift es an. War und blieb das nicht die deutsche Erfahrung? Die Weltwirtschaftskrise von 1929 hatte sich – anders als in den alten westlichen Demokratien – sofort politisch ausgewirkt und das Verhängnis, den Untergang der Weimarer Republik eingeleitet. 1966 ließ ein leichter wirtschaftlicher Abschwung, kaum Krise zu nennen, den Rechtsradikalismus anschwellen; die Bildung eines politischen Krisenkartells, die Große Koalition, antwortete auf diese Situation. Das nur materiell begründete Selbstbewußtsein zerbricht also gerade dann, wenn es darauf ankäme, nicht in Panik zu geraten und Reserven der Zuversicht zu mobilisieren. Skeptiker haben daher die Bundesrepublik eine »Schönwetterdemokratie« genannt, deren Bewährungsprobe in stürmischer Zeit noch ausstehe.

Das an die Gegenwart gefesselte Selbstbewußtsein hat eine weitere und wichtige Folge: Es läßt sich nicht vererben. »Seid dankbar! Wir haben so hart gearbeitet, damit ihr es einmal besser habt.« Was sollen Kinder damit anfangen, die das von ihren Eltern zu hören bekommen, samt den immer wiederholten Leidens- und Erfolgsgeschichten? Wie sollen sie antworten, wenn nicht mit bedrücktem Schweigen – oder mit Rebellion? »An unserer Wiege stand der schwerste Fluch, den die Geschichte einem Geschlecht als Angebinde mit auf den Weg zu geben vermag: das harte Schicksal des politischen Epigonentums«: So hat 1895 Max Weber das wilhelminische Lebensgefühl gegenüber der Generation der Reichsgründer formuliert, die Bismarck verkörperte.*

Eben dies war ein Fluch der ins Kriegsende oder den Nachkrieg hineingeborenen Söhne und Töchter gegenüber den Gründereltern der Bundesrepublik. Ausgehend von den Studenten, meldeten sich die Nachgeborenen in der Revolte oder Bewegung zu Wort, die seither durch die Jahreszahl 1968 markiert wird. Um eine eigene Aufgabe zu finden und zu begründen, wurden die Väter angeklagt. Sie wurden dem mehr oder minder pauschalen »Faschismus«-Verdacht ausgesetzt, der das Wirtschaftliche einschloß, weil – nach einem ständig zitierten Satz Max Horkheimers – vom Faschismus nicht reden soll, wer vom Kapitalismus schweigt.

Daß das unsinnig war, widerlegt von der historischen Frontstellung westlicher Demokratien gegen den Faschismus, steht auf einem anderen Blatt – übrigens von der Tatsache einmal abgesehen, daß Lehrmeister der »neuen Linken« wie Horkheimer, Adorno oder Herbert Marcuse im Schutze der Vereinigten Staaten, also der kapitalistischen Vormacht, überlebten. Nur haarsträubend »dialektisch«, im Sinne der Frontenverdrehung durch Ernst Nolte, die 1968 noch gar nicht bekannt war, ließe der Satz sich rechtfertigen.

Auch von einer allgemeinen Schweige-Verschwörung kann man schwerlich sprechen; bereits 1950 entstand das Deutsche Institut zur Erforschung der nationalsozialistischen Zeit, seit 1952 als Institut für Zeitgeschichte weitergeführt; die Hochschulen wurden mit Lehrstühlen für Politikwissenschaft versehen, oft und einflußreich mit Heimkehrern aus der Emigration besetzt; grundlegende Untersuchungen über die Weimarer Republik, die nationalsozialistische Machtergreifung und die Gewaltherrschaft waren längst erschienen, darunter schon 1946 Eugen Kogons Werk »Der SS-Staat«, in vielen und hohen Auflagen verbreitet. Aber darum ging es gar nicht, sondern um eine Rechtfertigung der Revolte. Und wahr bleibt gewiß, daß in ungezählten Familien die kritisch fragenden Kinder von ihren Vätern so wehleidig wie verstockt abgefertigt worden sind: »Da kannst du nicht mitreden, denn du hast es nicht erlebt.«

»Unter den Talaren – Muff von tausend Jahren«: Das wirkte so witzig wie symbolträchtig. »Hinterfragen« hieß das Schlüsselwort; jede Autorität wurde gleichsam vor ein Revolutionsgericht und zur Abdankung gefordert, sofern ihr die Rechtfertigung mißlang. Man hat vom »nachträglichen Ungehorsam« gesprochen, der sich zum »Widerstand« gegen den Faschismus um so großsprecherischer ausrief, je weniger Risiko er tatsächlich barg. Viel Selbstgerechtigkeit der Nachgeborenen war da im Spiel – und Unduldsamkeit erst recht; zu den dialektischen Kunststücken gehörte es, Toleranz als »repressiv« zu deuten.* So ließ sich der Mangel an Widerstand hinwegerklären, auf den der eigene »Widerstand« traf.

Aber zu den paradoxen Folgen solcher Illiberalität und Intoleranz gehörte ein Zugewinn an Verhaltensfreiheit, an tatsächlicher Toleranz gegenüber abweichendem Verhalten, die vom Sexuellen über Haartracht und Bekleidung bis zum Bürgerprotest gegen die angeblichen, von Behörden und Experten verordneten Sachzwänge reichte. Die Entmythologisierung von Autorität und Obrigkeit, 1945 eingeleitet, erreichte eine zweite Stufe. Sie bekam neue Schubkraft und eine neue Qualität, vom konservativen Entsetzen über den »Zerfall aller Werte und Bindungen« beglaubigt.* Entsprechend könnte man von einer zweiten Stufe der Lässigkeit und der Verwestlichung sprechen, auch sie paradox eingeleitet von der

Empörung über das Verhalten der westlichen Vormacht im Vietnamkrieg: Die Amerikanisierung vollendete sich mit der Entmythologisierung Amerikas.

»Jedermann sei untertan der Obrigkeit, die Gewalt über ihn hat. Denn es ist keine Obrigkeit ohne von Gott; wo aber Obrigkeit ist, die ist von Gott verordnet. Wer sich nun der Obrigkeit widersetzt, der widerstrebt Gottes Ordnung; die aber widerstreben, werden über sich ein Urteil empfangen.« So beginnt im Brief des Apostels Paulus an die Römer nach Luthers Übersetzung das 13. Kapitel, und Jahrhunderte hindurch ist so das landeskirchliche Denken, das evangelische Staatsverständnis bestimmt worden. Es war noch oder gerade in seiner Verweltlichung wirksam geblieben. Es hat Preußen und von Preußen her Deutschland geprägt – bis hin zum Verhängnis des Führerkults, dem der Schwur eines bedingungslosen Gehorsams entsprach.

Vor solchem Hintergrund läßt sich ermessen und gar nicht hoch genug einschätzen, was das »Hinterfragen« oder Bestreiten jeder Autorität bedeutete. Die Bewegung, die 1968 begann und kaum zufällig nicht im katholischen Milieu von München, Mainz oder Köln, sondern in Berlin und Frankfurt am Main, in Hamburg und Heidelberg ihre ersten Hochburgen gewann, stellt sich als ein gleichsam umgestülpter, in sein Gegenteil verkehrter Protestantismus dar*: »Basis« statt Obrigkeit! Nicht zuletzt an seinen manchmal schrillen oder erschreckenden Zügen, im gnadenlos guten Gewissen und im »Fundamentalismus«, im Pochen auf Rechtgläubigkeit machte sich dieser Protestantismus bemerkbar.

Die Studentenrevolte mochte bald versanden, doch sie fand ihre Fortsetzung in anderen, weitaus wichtigeren Bewegungen, zum Beispiel im Frauenprotest gegen patriarchalische Bevormundung oder im »grünen« Protest gegen die Umweltzerstörung. Hier wie dort ging es zugleich wieder um einen Protest gegen die Väter, die Selbstbewußtsein aus ihren Leistungen ableiteten und davon geträumt hatten, daß »die Schornsteine wieder rauchten«, koste es, was es wolle.

Im Rückblick allerdings muß man von zwiespältigen Erfahrungen sprechen. Eine neue Unduldsamkeit überlagerte die Wendung zur Weltoffenheit; in der spitzfindigen Diskussion darüber, ob man nur »gegen Sachen« oder auch gegen Personen einschreiten dürfe, wurde Gewalt wieder möglich, die sich dem friedenssichernden Monopolanspruch des Staates unausdrücklich oder ausdrücklich entzog; die Sehnsucht nach Heilsgewißheiten verachtete und verdrängte heilsame Skepsis; »Basis«-Demokratie wurde gegen die parlamentarische in Stellung gebracht, wie der Alleinvertretungsanspruch des Wahren und Guten wider das Mehrheitsprinzip.* Kurz: Ein bloß umgestülpter Protestantismus blieb, sich selbstgerecht verborgen, an den Ursprung gefesselt, von dem er sich befreien wollte. Nur manchmal zerriß der Schleier, wie bei Bernward Vesper, dessen Romanessay »Die Reise« zum Kultbuch einer verlorenen Generation aufrückte, wie einst »Der Wanderer zwischen beiden Welten« von Walter Flex:

»Ja, ich wußte genau, daß ich Hitler war, bis zum Gürtel, daß ich da nicht herauskommen würde, daß es ein Kampf auf Leben und Tod ist, der mein Leben verseucht, seine gottverdammte Existenz hat sich an meine geklebt wie Napalm ... ich muß versuchen, die brennende Flamme zu löschen, aber es ist gar nicht Hitler, ist mein Vater, ist meine Kindheit, ist meine Erfahrung BIN ICH.«*

Vesper war der Sohn des nationalsozialistischen Dichters Will Vesper und Gefährte der Pfarrerstochter Gudrun Ensslin, die dem Terrorismus verfiel wie ihr Freund den Drogen. Beide waren verloren, weil sie eine wesenhaft unvollkommene Welt nicht ertrugen; ihre protestantische Heilssuche und Erlösungshoffnung, ins Diesseits verlagert, wollte das Unmögliche, eine heile Ordnung. Indem sie sich als unrein und unvollkommen erwies, mußte man sie – oder sich selbst zerstören. Um auf den »Wanderer zwischen beiden Welten« zurückzukommen: Sein Wahlspruch hieß »Rein bleiben und reif werden«. Helmut Plessner hat das einmal zornig kommentiert: »Das heißt auf schlecht deutsch: Rein bleiben und niemals reif werden!«*

Aber niemand hat so empfindsam und so tiefdringend wie Vesper die Abgründe seines Hasses enthüllt: »Die Tatsache, daß ich mich dem sozialen Protest angeschlossen habe, war weder auf eigene Not aus sozialer Ungerechtigkeit, noch auf materielle Entbehrungen oder Wechselfälle im Kampf ums Dasein zurückzuführen, sondern einzig und allein auf das Vorbild aller sozialen Tyrannei, der Tyrannei des Familienvaters, eines Überbleibsels der Tyrannei, die der Stammesälteste in der Urgesellschaft ausübte.«* Es scheint unausweichlich, daß solch ein Haß in den Selbsthaß, die Zerstörung in die Selbstzerstörung umschlägt. Vesper endete im Selbstmord – und hat vorweg »das wunderbare, herrliche Mysterium des Todes« gefeiert*, so als gelte es, den Mythos von Langemarck zeitgerecht zu erneuern.

Noch um einen Schritt weiter zurück drängt sich ein Vergleich mit der wilhelminischen Jugendbewegung auf. Auch sie stammte aus der Mitte der Bürgergesellschaft und setzte zum Protest wider die Väter, zum Kampf gegen die Bürgerlichkeit an. Ihre Romantik stellte sich zunächst allerdings unpolitisch dar; die Feinderklärungen galten einem Bild oder Zerrbild von Zivilisation, gegen das die Ideale von Gemeinschaftserleben und neuer Natürlichkeit aufgeboten wurden. Aber muß man von Romantik nicht ebenfalls sprechen, wenn die Jugendbewegung der Bundesrepublik ihre Vorbilder in Vietnam, in Nicaragua oder sonstwo fernab suchte, um von dort her den eigenen Aufruhr zum gleichsam stellvertretenden Befreiungskampf zu stilisieren? Und was überhaupt soll man von der Tragfähigkeit eines Selbstbewußtseins halten, das noch immer oder schon wieder der Feinderklärungen bedarf?

Schließlich und nicht zuletzt: Wer die Väter beschuldigt, weil ihr Erfolgsbewußtsein die historische Verantwortung verschwieg und verdrängte, muß sich fragen lassen, ob es ihm mit der Weigerung, Erbe zu sein, nicht um die eigene Entlastung geht, um eine Freisetzung oder Flucht aus der Geschichte, die ins Prinzipielle gerade dort reicht, wo man sich in der Geste des Anklägers über sie erhebt. Anklagen heißt, sich selbst in den Stand der Unschuld oder des Pharisäers zu versetzen: »Ich danke dir, Gott, daß ich nicht bin wie die andern Leute, Räuber, Ungerechte, Ehebrecher oder auch wie dieser Zöllner.«

Man bringt das Problem nur in eine andere Perspektive, wenn man nach dem Verhältnis zur Nation fragt. 1945 war sie unabsehbar ruiniert und in Verruf geraten. Rette sich daher, wer kann: Der Verfasser hat miterlebt, wie in Niedersachsen »rote« und rechtgläubige Welfen ernsthaft darüber diskutierten, ob sie ihr Land nicht aus der Konkursmasse lösen und – wie einst das Kurfürstentum und Königreich Hannover – mit Großbritannien »wiedervereinigen« könnten. Das blieb natürlich ein Hirngespinst, aber die Vorliebe der Geschichte für ironische Wechselspiele hat immerhin dazu geführt, daß Hitler als der umjubelte Gründer Großdeutschlands den Österreichern zum Bewußtsein und zur Annahme ihrer Eigenständigkeit verhalf. Verständlich war es auch, daß Studenten schon bald und begeistert zur Sternfahrt nach Straßburg aufbrachen, um die Grenzen zu überwinden und Europa zu schaffen.

Im einzelnen schwer bestimmbar mischte sich ein Idealismus, der aus dem Entsetzen über Gewaltherrschaft und Krieg Folgerungen für eine bessere Zukunft ableitete, mit dem Opportunismus, der die eigene Nationalität wie ein zerrissenes und vom Fall in die Jauchegrube stinkendes Kleid wegwerfen wollte. Aber bildet sich aus Idealismus und Opportunismus nicht stets das Gemisch, das die Geschichte vorantreibt? Fast schien es, als habe sich die Herzensverengung, die Heinrich Heine einst dem deutschen Patriotismus vorwarf*, in ihr Gegenteil verkehrt; man wollte eben nicht mehr Deutscher, sondern Europäer oder Weltbürger sein und – »Zurück zu Goethe!« – der Humanität, der allgemeinen Menschenverbrüderung, dem Kosmopolitismus huldigen.

Die Bundesrepublik Deutschland und die Deutsche Demokratische Republik wuchsen dann unter den Vorzeichen des Kalten Krieges und der Weltenteilung zwischen den Vormächten des Westens und des Ostens zu mehr oder minder deutlicher Eigenständigkeit heran. Ihre Situation glich in gewissem Sinne der preußischen vor Bismarcks Reichsgründung: Es handelte sich zwar um überregionale, aber nicht um nationale Staaten. Ein Unterschied bestand allerdings darin, daß es die drängende Nationalbewegung nicht mehr gab, die Preußen zur »Flucht nach vorn« in die Einheit zwang. Die »Gesamtdeutsche Volkspartei« Gustav Heinemanns, die gegen Konrad Adenauers Politik der Westbindung antrat, um die deutsche Einheit zu retten, blieb eine ohnmächtige Splittergruppe und löste sich bald wieder auf. Ebenso sah sich die SPD gegen Ende der fünfziger Jahre dazu gezwungen, ihre nationale Kursbestimmung durch Kurt Schumacher preiszugeben und sich einzupassen. Ähnlich die DDR:

»Auferstanden aus Ruinen
und der Zukunft zugewandt,
laß uns dir zum Guten dienen,
Deutschland, einig Vaterland.
Alte Not gilt es zu zwingen,
und wir zwingen sie vereint,
denn es muß uns doch gelingen,
daß die Sonne, schön wie nie,
über Deutschland scheint.«

Dieser Text einer »National«-Hymne, von Johannes R. Becher verfaßt, entsprach der Propaganda und den Zielen der Anfangszeit; mit dem Lockruf nach Einheit wollte man die Wiederbewaffnung der Bundesrepublik und ihre Eingliederung in die NATO verhindern. Als das mißlang, änderten sich die Vorzeichen. Immer eindeutiger verstand man sich als *sozialistischer* Staat auf deutschem Boden, nicht als *deutscher* Staat mit sozialistischem Überbau. Negativ symbolträchtig durfte schließlich die Hymne überhaupt nicht mehr gesungen, sondern bloß noch vom Bläserblech intoniert werden.

In der Bundesrepublik hieß es zwar in der Präambel des Grundgesetzes von 1949: »Das gesamte

Deutsche Volk bleibt aufgefordert, in freier Selbstbestimmung die Einheit und Freiheit Deutschlands zu vollenden.« Aber dabei blieb es auch: bei einer Sonntags- und Feierstundenrhetorik ohne praktische Bedeutung. Der nationale Gedenktag des 17. Juni geriet zur Verlegenheit. Für die Mehrheit der Menschen hatte er mit der Einheit der Deutschen ungefähr so viel zu tun wie der »Vatertag« mit Christi Himmelfahrt.

In Verlegenheiten führte indessen auch die Frage nach der politischen Identität. Der Begriff des »Verfassungspatriotismus«, den Dolf Sternberger prägte*, mochte aller Ehren wert sein. Aber so klar er sich auf eine politische Ordnung der Freiheit bezog, so verschwommen bleib zugleich, wer eigentlich die Patrioten sein sollten. Im Grunde waren kaum noch die Deutschen als Deutsche gemeint. »Grob gesagt, fühlte man sich lieber als Bundesrepublikaner denn als Deutscher.«* Übrigens verrät dieser Begriff, wie der zunehmend gebräuchliche, ja alltägliche *Bundesbürger*, fast wider Willen unser Selbstverständnis; in anderen Demokratien des Westens wird man etwas Vergleichbares schwerlich finden, weil Verfassungsordnung und Nation sich wechselseitig bedingen.

Kein Zweifel: Es war angenehm, als Bundesbürger der Bewohner eines freiheitlichen und wohlhabenden, ebenso leistungstüchtigen wie beschaulichen Gemeinwesens zu sein, von der Zuständigkeit für »Deutschland als Ganzes« entlastet, die vertragsgemäß den Siegermächten des Zweiten Weltkriegs vorbehalten blieb. Und in gewissem Sinne war es unvermeidbar. Niemand kann auf die Dauer seine Existenz ins Ungewisse hinein, mit Zukunftshoffnungen ohne Konturen begründen. Sogar die frühen Christen, die mit Zuversicht auf die Wiederkehr Christi warteten, mußten schließlich in dieser Welt ihren Platz finden. Daß es zur Wiedererrichtung des deutschen Nationalstaates irgendwann einmal kommen werde, mochte man glauben oder bezweifeln; aber daß es sich nicht um ein nahes, sondern um ein fernes, kaum mehr ins eigene Leben gehörendes Ereignis handeln würde, war keineswegs opportunistisch gemeint, sondern entsprach der allgemeinen, dem Anschein nach wohlbegründeten Überzeugung. Die Vorwürfe nationalen Verrats, den die selbsternannten rechten Gralshüter des Deutschseins erhoben, kann man darum beiseite lassen.

Daß man auch die nationale Identität auf sich beruhen lassen könne, weil sie etwas Gestriges ohne Zukunft sei, mußte sich freilich als Wunschtraum, um nicht zu sagen als Hirngespinst erweisen. Wer die Landesgrenzen überschreitet, begegnet keinen Provinzbewohnern Europas, sondern Franzosen, Engländern, Niederländern, Dänen oder Polen, und er wird *als Deutscher* angesprochen. Unabwendbar bringen die ihrer Geschichte sicheren Nationen historische Erfahrungen ins Spiel: Die Frage, was wir miteinander künftig tun sollen, läßt sich von dem niemals trennen, was wir einander angetan haben. Wer darum die nationale Identität hinter sich lassen will, als gäbe es sie nicht mehr, weckt weder Vertrauen noch Zuneigung, vielmehr Abscheu und Angst.

Es ist ein doppelt widersprüchlicher Tatbestand: Konservative feiern die Nation, als sei sie ihr Eigentum, und beklagen unseren Mangel an Geschichtsbewußtsein. Wo aber das Vergangene den Blick in die Abgründe fordert, wird es ausgeblendet, geglättet, beschönigt, hinwegrelativiert, damit es endlich vergehe und auf dem Weg in die Zukunft keine Rolle mehr spiele. Linke hingegen beklagen das Vergessen und fordern uns vor die unverkürzte Nationalgeschichte. Aber aus der Gegenwart und erst recht aus der Zukunft wird die Nation herausbeschworen, als sei sie des Teufels. Wer wie Martin Walser bekannte, daß sie ihm wichtig bleibe, stieß auf Befremden und Ablehnung, wenn nicht gar auf Empörung.

Womöglich handelt es sich darum, daß man es im einen oder anderen Sinne bequem haben wollte, verständlich genug. Und über die Widersprüche mochte man hinwegsehen, solange die Teilung Deutschlands dauerte. Sie entlastete sozusagen vom Ernstfall der Geschichte, in dem die Verantwortung für die Zukunft angelegt ist. Doch mit der Wiedervereinigung hat etwas Neues begonnen. »Ich war nicht darauf vorbereitet, ein Deutscher zu sein«: Dieses Eingeständnis aus dem Jahre 1990* klingt gewiß sympathischer als das bornierte Besser- und Bescheidwissen. Aber es genügt nicht mehr.

Die Wiederkehr der Nation

»Jeder von uns wird sich zeit seines Lebens erinnern, wo und unter welchen Umständen er die Nachrichten von den Ereignissen des 9. November erfahren hat – ein untrügliches Zeichen dafür, wie persönlich uns dieses historische Geschehen angerührt hat«, schrieb Arnold Esch zum fünften Jahrestag des Falls der Berliner Mauer.*

Was alle aufwühlte, war zunächst und vor allem der »Wahnsinn«, die Wucht des Unwahrscheinlichen. Weder die Machthaber oder die Menschen in der DDR noch Geheimdienste des Westens hatten vorausgesehen, was sich ereignen würde; nirgendwo in den Köpfen oder in Panzerschränken gab es Pläne für den Ernstfall der Wiedervereinigung, nicht einmal unbrauchbare. Nur so läßt sich die Explosion der Gefühle erklären, die Rührung und die Selbstverständlichkeit, mit der Fremde sich umarmten, als seien sie alte Freunde oder nahe Verwandte, die Angehörigen einer einzigen großen Familie. »Wir sind *ein* Volk«: Wenn diese Demonstrantenparole jemals Wirklichkeit war, abgewandelt aus dem gegen die Obrigkeit gerichteten Satz »*Wir* sind das Volk!«, dann in der Nacht des 9. November 1989.

Was sich ereignete, war schon darum ohne Beispiel, weil es eine unmittelbare Wechselwirkung zwischen dem Zuschauen und dem Mittun gab, vom Fernsehen vermittelt. Von Tag zu Tag erlebten die Menschen, was an der Grenze in Ungarn, in der Botschaft der Bundesrepublik in Prag, in den Kirchen, auf ihren eigenen Straßen und Plätzen geschah, und sie wurden eben damit bewegt, nicht nur aus ihren Fernsehsesseln, sondern im Vollsinne des Wortes sich zu erheben. »Es war eine Revolte, die sich in der Sekunde erfüllte, da sie stattfand. Weil sie kein Programm hatte, füllte sie die Fernsehprogramme mit ihrer schier grenzenlosen Gegenwärtigkeit, mit einem um Worte ringenden Gefühlschaos, mit den frohen Wirren eines unwiederholbaren gesellschaftlichen Umbruchs und mit individuellen Glückserfahrungen, die kein anderes Medium derart transportieren konnte wie das so oft gescholtene Fernsehen. In der scheinbar geschichtslosen Epoche gleichförmiger Realität und beliebiger Katastrophen markierten die Novembertage 1989 den Einbruch einer äußersten Unwahrscheinlichkeit in die schlechte Alltäglichkeit der Dinge, denen keinerlei Transzendenz mehr innezuwohnen scheint. Doch das Augenscheinliche schien das Gegenteil zu beweisen.«*

Wer dennoch das Vergleichbare sucht, muß aufs Uralte, Mythische zurückgreifen, auf den biblischen Bericht im Buch Josua: »Jericho aber war verschlossen und verwahrt vor den Kindern Israel, daß niemand aus noch ein kommen konnte ... Da machte das Volk ein Feldgeschrei, und man blies Posaunen. Denn da das Volk den Hall der Posaunen hörte, machte es ein großes Feldgeschrei. Und die Mauern fielen um, und das Volk erstieg die Stadt, ein jeglicher stracks vor sich.« Doch in Jericho wurde außer der Hure Rahab und ihrer Familie alles Leben vertilgt; in Berlin dagegen flossen statt Blut nur die Freudentränen.

Seltsam allerdings: Bald nach dem formellen Vollzug der Wiedervereinigung am 3. Oktober 1990 begann ein Umschlag der Begeisterung in ihr Gegenteil, in Enttäuschung, Schuldzuweisungen, Ängste und Aggressionen. Dafür mochte es Gründe geben, zum Beispiel die wirtschaftlichen Probleme, den Einbruch der Konjunktur zum denkbar ungünstigen Zeitpunkt und Strukturschwächen des »Standortes Deutschland«, die Verrottung der DDR, die viel größer war und weit höhere Kosten verursachte, als irgend jemand im Westen sich vorgestellt hatte, die Arbeitslosigkeit. Der nicht nur psychologisch, sondern überhaupt schwerwiegendste Fehler der politischen Führung – mit dem sonst so entschlossen und erfolgreich zugreifenden Kanzler der Einheit vorweg – bestand wohl darin, daß sie nicht auf die geforderten Opfer vorbereitete, weder auf die finanziellen Lasten hier, noch auf die Zumutungen einer umfassenden Lebensumstellung dort.

Nach fünf Jahren müßte eine nüchterne Zwischenbilanz eigentlich differenziert ausfallen. Nicht nur Probleme sind zu registrieren, sondern auch

Erfolge und Fortschritte; man kann sie an jedem neuen Fahrplan der Bundesbahn ebenso ablesen, wie an der längst selbstverständlichen Tatsache, daß man von Köln aus mit Leipzig telefoniert wie mit Koblenz. Ohne Lärm wurde die Nationale Volksarmee der DDR teils aufgelöst, teils in die Bundeswehr eingegliedert. Vor lauter Baukränen sieht man oft die Städte nicht mehr, und 1993 betrug das Wirtschaftswachstum in den neuen Bundesländern mehr als sieben Prozent. Für 1994 und 1995 werden noch höhere Zahlen vorausgesagt; sie erinnern an das »Wirtschaftswunder« in der Frühzeit der Bundesrepublik.

Nur ausländischen Beobachtern fällt immer wieder das Seltsame auf: »Seit ich Deutschland vor drei Jahren verlassen habe, lese ich in deutschen Zeitungen ständig Katastrophenberichte über die wirtschaftliche Lage, den ›Standort Deutschland‹, die Arbeitslosigkeit, die Verwüstung von ›Neufünfland‹. Und dennoch vermittelt Deutschland den Eindruck, immer noch ein prosperierendes Land zu sein... Mir kommen Thüringen und Sachsen vor wie ein neues Kalifornien, und man kann sich vorstellen, daß in einigen Jahren die Besucher sagen: Nur die Deutschen haben das schaffen können.«* Hierzulande aber scheint bezeichnend zu sein, daß Erfolge kaum wahrgenommen werden; offenbar möchte man sich die eigene Mißstimmung nicht verderben lassen. Darum liegt die Vermutung nahe, daß die Ängste und Aggressionen weit tiefer wurzeln als in den wirtschaftlichen Schwierigkeiten des Augenblicks.

Wir haben unsere Feindbilder verloren: Dieser Satz bezeichnet das Problem. Es sei daran erinnert, daß die Bundesrepublik und die DDR unter den Vorzeichen des Ost-West-Konflikts, des Kalten Krieges entstanden, aufwuchsen und sich stabilisierten. Mit dem Ende der Konfrontation wurde nicht nur dem »ersten sozialistischen Staat auf deutschem Boden« die Grundlage zur Rechtfertigung seiner Existenz entzogen, sondern auch die Bundesrepublik aus jenem wesentlichen Teil ihres Gründungsverständnisses buchstäblich herausgefordert, in dessen Zeichen einst Konrad Adenauer seine strahlenden Wahlsiege errang. Die kommunistischen Idole zerbrachen, der reale Sozialismus ist an der Praxis, das heißt an seinem eigenen, von Karl Marx aufgerichteten Probierstein gescheitert*, das Sowjetimperium hat sich aufgelöst, und die Rote Armee fiel um tausend Kilometer in jene unbestimmten Weiten zurück, aus denen sie sich erhob wie vor Zeiten der Mongolensturm. Die PDS, ob nun als Nachfolgeorganisation der SED zur demokratischen Regionalpartei verwandelt oder nicht, bietet nur schwachen Ersatz. Denn mit dem schlagfertig plaudernden Gregor Gysi vorweg und dem achtenswerten Stefan Heym zur Seite schreckt sie niemanden wirklich. Schlechte Zeiten also für die rechte Panik-Propaganda, noch oder gerade in der Stunde des vordergründigen Triumphes. Wir sind eben »von Freunden umzingelt«.

Noch schlechtere Zeiten sind für die Linke angebrochen. Mit dem erbarmungslos wiederkehrenden »alten Adam« statt mit einem weltverbessernden neuen Menschen konfrontiert, hat sie ihre Utopie verloren – und damit das Feindbild von denen, die sich der Verwirklichung einer guten und gerechten Gesellschaft entgegenstemmen. Die Bedingungen unserer Konfessionsgeschichte haben die Gewissensenergien eines ins Diesseits, zur »Weltfrömmigkeit« entbundenen Protestantismus geschaffen. In ihm wird die Gegenwart als »vollendete Sündhaftigkeit« verurteilt und gegen sie das künftige Heil, ein »Stand vollendeter Rechtfertigung und Heiligung« aufgeboten.* Wenn darum zur neueren deutschen Geschichte, wie vielleicht nirgendwo sonst, jedenfalls im »rein Gestrigen« eine unbändige, stets auch moralistisch begründete Radikalität gehörte, die Sehnsucht und Suche nach dem Vollkommenen, dann wird verständlich, welche Zumutung es bedeutet, wenn man sich mit »sündhaften« Zuständen abfinden soll, die noch im besten Falle nur Reformen, die Mühsal kleiner Schritte im Ausbessern des wesenhaft Unvollkommenen erlauben.*

Wohin nun mit dem trostlos ungestillten Utopiebedürfnis? Zwar hat der Dramatiker Heiner Müller eine Heimstatt benannt: »Für Jahrzehnte wird nach dem vorläufigen Sieg des Kapitalismus, der ein Prinzip der Selektion ist (das Prinzip Auschwitz), die Kunst der einzige Ort der Utopie sein, das Museum, in dem die Utopie aufgehoben wird für bessere

Zeiten.«* Aber Museen bilden Erinnerungsstätten; sie bewahren das Vergangene und schwerlich die Zukunft. Die Depressionen liegen daher so nahe wie die Schuldzuweisungen.

Im Bannkreis der zerfallenen Feindbilder gedeihen die Satyrspiele und Scherbengerichte. Irgendwer muß doch an allem schuld sein: der Kanzler und die Regierung, Parteien und Verbände oder eine politische Elite insgesamt, die in schmählichem Mittelmaß versinkt, statt die große Erneuerung zu leisten, ein Wirtschaftssystem, das die Umwelt vernichtet und die Dritte Welt ins Elend drängt, weil es von ihrer Ausbeutung zehrt, die besserwisserisch beutegierigen West- oder die wehleidigen Ostdeutschen, die Treuhandanstalt, Intellektuelle, die offenbar nur zu sagen haben, daß ihnen mies ist, die Schönredner einer multikulturellen Gesellschaft und die Feinde eines wehrhaften Staates, die dem international organisierten Verbrechen Vorschub leisten, die Asylanten.

Vielleicht nehmen wir unsere Satyrspiele zu ernst; vielleicht sollten wir dem Rat von Luigi Ferraris, dem Freund und Kenner der Deutschen, folgen und sie als bloßes Schauspiel verstehen: »Italien ist, im guten wie im schlechten Sinne des Wortes und des Inhaltes, eine große und bunte Theaterbühne, auf der sich die vielen Tragödien in sarkastische und humorvolle Komödien verwandeln ... In Deutschland dagegen radikalisiert sich jedes Geschehen sofort bis zum Drama oder sogar bis zum Psychodrama, wo sich die Hysterie zu Hause fühlt.« Was wir lernen sollten, sei daher »Gelassenheit statt Hysterie«.*

Doch der Sachverhalt, der hier nur knapp skizziert wurde*, gewinnt eine andere und seine wohl wirklich gefährliche Dimension, wenn man sich der Frage nach der Nation zuwendet. Zu den Merkmalen der linken Utopie gehört, daß sie aufs Universale zielt, auf die gute und gerechte Gesellschaft im menschheitlichen Maßstab. Wenn in den Jahren nach der Oktoberrevolution und sogar noch in der Zeit des Stalinismus die Sowjetunion als das »Vaterland der Werktätigen« gefeiert und ihre Verfinsterung als vorübergehendes, womöglich notwendiges Übel entschuldigt wurde, dann doch stets, weil man von der Statthalterschaft einer Menschheitsmission träumte. Der Eigen-Sinn der Nationen zählte hingegen zu den partikularen, den gegenrevolutionären und feindseligen Kräften, die um jeden Preis bekämpft und überwunden werden sollten. Was denn sonst bezeugten die Erfahrungen mit dem Faschismus und mit dem Nationalsozialismus, aus dem der schreckensträchtige Wahn von der germanischen Herrenrasse wie geradewegs aus der Hölle emporstieg?

Aber nicht erst im finsteren Endstadium, sondern schon im Kaiserreich haben sich mehr und mehr die Kräfte durchgesetzt, die das Deutschsein in einem Wesensunterschied und »Sonderweg« gegenüber der westlichen Zivilisation und den demokratischen

Nationen angelegt sahen. Es ist daher verständlich, daß Linken die Nation als etwas Gestriges und Gefährliches erscheint, von dem sie nichts wissen wollen, und daß sie vor dem wiederkehrenden Nationalstaat entweder ratlos verstummen oder das Unheil ausmalen, das sich im wuchernden Fremdenhaß bereits ankündigt. Doch damit beschwören sie herauf, was sie fürchten; beinahe kampflos wird die Nation der Rechten überlassen.

Bei den Konservativen sieht es kaum besser aus. Zwar haben sie durchweg die Nation als etwas Edles und Schützenswertes verklärt und von der Wiedervereinigung als einem ihrer Ziele gesprochen. Aber im Rückblick wird kenntlich, in welch glücklichem Ausnahmezustand man sich bis 1989 befand. Eine Probe auf das nationale Selbstverständnis gab es nicht, weil die Fronten des Kalten Krieges eben nicht national, sondern übernational bestimmt wurden. Gegen die Gefahr aus dem Osten verteidigte man das christliche Erbe, das Abendland, die europäisch und atlantisch verbindende Freiheit und konnte die Bundesrepublik so ehrenwert wie selbstverständlich in das westliche Bündnis einfügen.

Doch wohin jetzt mit dem Nationalstaat? Darf man der Parole nachgeben oder sie gar selber vertreten, daß Deutschland wieder den Deutschen gehört, wenn mit ihr – durchaus nicht mehr ehrenwert – die Brandfackeln des Fremdenhasses auflodern? Oder soll man, wie im 19. Jahrhundert Preußen vor der Nationalbewegung, eine Flucht nach vorn zur Einheit Europas antreten? Aber wie kann man sie verwirklichen, wenn es ringsumher weiterhin selbstbewußte Nationen gibt? Und wie auf den Vorwurf antworten, daß man die Nation verrate – ihr gutes Geld sogar, bei dem die Gemütlichkeit aufhört, weil nach einem Wort des früheren EG-Präsidenten Jacques Delors zwar nicht alle Deutschen an Gott, aber alle an die Bundesbank glauben? Helmut Kohl mag noch ein überzeugter Europäer sein. Aber wer beerbt ihn? Wird man, um dem Vorwurf des Verrats zu entgehen, am Ende nicht doch wieder in einen bornierten Nationalismus zurückfallen?

Fragen über Fragen. Es gehört zum deutschen Verhängnis, daß seit der gescheiterten Revolution von 1848 Nation und Freiheit nicht vereinigt, sondern immer weiter auseinandergetrieben wurden bis zum tödlichen Gegensatz. So haben sich Konservative der Demokratie und Linke der Nation entfremdet oder nahmen sie als eine ihnen zustehende Möglichkeit gar nicht erst wahr. Die Übereinkunft von Nation und Freiheit bildet daher den Kern der deutschen Frage, die mit der Wiedervereinigung von 1989 oder 1990 nicht zum Abschluß gebracht, sondern neu gestellt worden ist.

Alte und neue Mythen: Zwei Entwürfe der Zukunft

Im Vorgriff auf die Zukunft spricht man von der *Berliner Republik.* Sie wird anders aussehen als die von Bonn, obwohl sie deren Verfassung, Rechtsordnung und Wirtschaftssystem übernimmt. Denn seit dem 3. Oktober 1990 leben wir in unserem zweiten Nationalstaat. Es hilft nicht, ihn zu schmähen und sei es in die regionale Idylle, sei es nach Europa zu flüchten. Bayern, Sachsen und die Hansestadt Hamburg sind wichtig, wie die Vielfalt überhaupt und als ihr Erbe der Föderalismus, die Gewaltenteilung zwischen Bund und Ländern. Aber das politisch Wesentliche wird eben doch in Bonn und künftig in Berlin entschieden.

Europa mag eine »Gemeinschaft« sein oder werden, doch es setzt sich aus geschichtsbewußten Nationen und ihren Staaten zusammen. Ohnehin werden wir von den Völkern ringsum nicht als Bundesbürger, sondern als Deutsche identifiziert, und wir können unsere Geschichte nicht ablegen wie ein aus der Mode geratenes Kleid. Wir müssen sie annehmen, und Hitler gehört zu ihr wie Bismarck oder der Freiherr von Stein, wie Martin Luther und Immanuel Kant, wie Goethe und Schiller, Heinrich Heine und Thomas Mann, die Brüder

Humboldt und die Brüder Grimm, wie August Bebel, Walther Rathenau und Claus Graf Schenk von Stauffenberg.

Aber wie denn sollen wir unsere Identität bestimmen? Wie können wir uns mit uns selbst und mit unseren Nachbarn so einrichten, daß nicht Mißtrauen, Ängste und Aggressionen, sondern Zutrauen und Hoffnung uns begleiten? Für die Zukunft der deutschen Nation sind zwei Entwürfe denkbar, die miteinander streiten und sich kaum oder gar nicht vereinbaren lassen.

Der erste deutet unsere Eigen-Art als das Besondere, Unterscheidende, von anderen Abgrenzende, das auf die eine oder andere Weise aus der Herkunft sich ableitet. Zunächst soll das Ethnische den Ausschlag geben, eine Volkszugehörigkeit, über die die Vorfahren bestimmen – so wie das Staatsbürgerrecht es bis heute besagt. Zugespitzt: Wer über die passende Ahnengalerie verfügt, wird als Deutscher anerkannt, auch wenn er nur noch russisch oder polnisch spricht. Der hingegen, den seine Sprache als »waschechten« Bayern oder Berliner ausweist, der in Pasing oder Charlottenburg geboren wurde und aufwuchs, hat es schwer, ein Deutscher zu werden, sofern seine Eltern Italiener oder Griechen, wenn nicht gar Türken sind.

In der Vergangenheit sind sogar Gebietsansprüche ethnisch begründet worden, zum Beispiel bei der Eingliederung des Elsaß und Lothringens in das neu erschaffene Reich. Dazu allerdings hat noch während des Krieges von 1870/71 der Franzose Ernest Renan seinem deutschen Briefpartner David Friedrich Strauß warnend geschrieben: »Ihr (Deutschen) habt an Stelle der liberalen Politik das Banner archäologischer und ethnographischer Politik entfaltet; diese Politik wird euch zum Verhängnis werden. Die vergleichende Philosophie, die ihr geschaffen und zu Unrecht auf das Feld der Politik übertragen habt, wird euch übel mitspielen. Die Slawen werden sich dafür begeistern; ... wie könnt ihr glauben, die Slawen würden euch nicht zufügen, was ihr andern antut? ... Wenn eines Tages die Slawen Anspruch auf das eigentliche Preußen, auf Pommern, Schlesien und Berlin erheben werden, und zwar deswegen, weil alle diese Namen slawischen Ursprungs sind, wenn sie an Elbe und an Oder das tun, was ihr an der Mosel getan habt, wenn sie auf der Karte den Finger auf die wendischen und obotritischen Dörfer legen, was werdet ihr dann zu sagen haben? Nation ist nicht gleich Rasse.«*

In der Tat. Und im Rückblick nimmt sich Renans Warnung geradezu prophetisch aus. Aber selbst dieser weitblickende Franzose hätte sich wohl schwerlich vorstellen können, was der nationalsozialistische Wahn von der germanischen Herrenrasse und den slawischen Untermenschen einmal mörderisch und selbstmörderisch anrichten würde. Weil der Wahn in die Katastrophe geführt hat, darf man inzwischen hoffen, daß niemand ihn wiederbeleben will, von ein paar Primitiven abgesehen, deren deutschtümelnder Fanatismus sich umgekehrt proportional zu ihren historischen Kenntnissen und sprachlichen Fähigkeiten entwickelt.

Unbelasteter und darum ansehnlicher stellt sich eine geistige Begründung dar; sie kann überdies auf den beinahe schon ehrwürdigen Begriff der Kulturnation und, damit verbunden, auf die traditionelle Gegensatzkonstruktion von deutscher Kultur und westlicher Zivilisation zurückgreifen. Bezeichnend ist, daß dieser Gegensatz bereits in der aktuellen Debatte um die Wiedervereinigung eine Rolle spielte, besonders bei denen, die die DDR als einen eigenständigen Staat retten wollten. Wie in dem von Christa Wolf und anderen im November 1989 verfaßten Aufruf »Für unser Land« ging es zwar vordergründig um einen demokratisch geläuterten Sozialismus »mit dem menschlichen Antlitz« oder um einen »dritten Weg« zwischen Sozialismus und Kapitalismus. Aber zugleich handelte es sich um den Sonderweg deutschen Geistes, sei es hintergründig oder ausdrücklich, wie bei Heiner Müller, wenn er klagte: »Die sogenannte ›Wiedervereinigung‹ ... findet in der Form der Kolonisierung statt ... Die ökonomisch über- und kulturell unterentwickelte Zivilisation der ehemaligen Bundesrepublik versucht, die in der ehemaligen DDR im Widerstand gegen die stalinistische Kolonisierung gewachsene Kultur durch Diffamierung und administrativ auszulöschen.«*

Es ist wahr: die Bundesrepublik hatte sich ungleich »westlicher« oder »amerikanischer« entwikkelt als die DDR; nicht zuletzt hiervon handeln die *geistigen* Probleme der Wiedervereinigung. Zugleich stellte sich »Zivilisation« mit dem Ruf zur Freiheit und im Prunk ihres Wohlstandes als der wirklich gefährliche Feind dar, während der »Stalinismus« eher bewahrend wirkte, weil er den Rückzug ins Unpolitische und Private, in eine Kultur der Innerlichkeit erzwang. In diesem Sinne hat Günter Gaus mit deutlicher Zuneigung die »Nischengesellschaft« der DDR geschildert, wollte Günter Grass »ein Biedermeier, wie zu Metternichs Zeiten« bewahrt sehen, »ein langsameres Lebenstempo und entsprechend mehr Zeit für Gespräche«.* Die langjährige Korrespondentin der »ZEIT« in der DDR, Marlies Menge, hat den Unterschied und Umbruch anschaulich beschrieben: »Wenn es mir früher in West-Berlin zu hektisch wurde, fuhr ich rüber in meine Ostberliner Wohnung oder zu Ostberliner Freunden. Sie arbeiteten alle, aber sie hatten Zeit für endlose Gespräche ... Auch das ist jetzt anders. Viele der Freunde haben keine Arbeit mehr, sind arbeitslos, in Kurzarbeit oder im Vorruhestand, haben aber keine Zeit mehr.«*

Die Langsamkeit mag liebenswert und ihre Verteidigung gegenüber den Wichtigtuern der Eile, den Prahlhänsen überfüllter Terminkalender wichtig sein.* Jens Reich allerdings, der 1989 ein Repräsentant der Bürgerbewegung in der DDR gewesen ist, hat die rückwärtsgerichtete Sehnsucht nach Geborgenheit und Ruhe als »die *Wahnvorstellung* von der außerordentlichen sozialen Wärme und inneren Solidarität der sozialistischen Menschengemeinschaft« bezeichnet.* Und immer muß man bedenken, daß die Entwicklung und Bewahrung einer Kultur der Innerlichkeit *politisch* das Verhältnis oder Mißverhältnis von Untertanen zum vormundschaftlichen Obrigkeitsstaat voraussetzt, das heißt – von westlichen Demokratien her gesehen – die historische *Verspätung* Deutschlands. Im Verhältnis von Bundesrepublik und DDR hat sich noch einmal eine historische Zeitverschiebung um vier Jahrzehnte ergeben.

Wenn dennoch im Westen wie im Osten Frauen und Männer des Worts, die gemeinhin als Linke gelten, einer Art von DDR-Nostalgie erliegen, dann hat dies wohl damit zu tun, daß ihnen in der Kultur der Innerlichkeit eine besondere Bedeutung auch oder erst recht zufällt, sofern sie sich kritisch äußern und in Konflikte geraten. Zum Obrigkeitsstaat gehört auf der Seite seiner Untertanen eine Kultur der Genauigkeit im Hinhören auf die Töne und Zwischentöne*, im Lesen zwischen den Zeilen – und Dankbarkeit für das, was man dort erfährt. Es handelt sich um eine Form von Überlebenshilfe. »Die Gedanken sind frei« – ist ein alter deutscher Kehrreim. Mit dem Übergang zur westlichen Zivilisation vollzieht sich dagegen ein Bedeutungsverlust. Man sieht sich auf die Marktchancen verwiesen, die das kapitalistische System bereitstellt oder verweigert, und was man sagt, erinnert an das Gerede auf Marktplätzen – oder in Fernsehshows –, das niemand sehr genau und wirklich beim Wort nimmt.*

Das Thema ließe sich variieren; auch dem Wort der *Kirche im Sozialismus* kam eine besondere Bedeutung zu, die sie inzwischen verlor. Aber was bedeutet das alles? Was hat die Nostalgie mit der Zukunft zu tun? Unter Umständen sehr viel. Denn sie findet Widerhall in einem rasch wachsenden Bannkreis der Konservativen. Und während die Sehnsucht nach einer deutschen Sonderkultur bei der Linken immer zwiespältig bleibt, weil sie deren politische Voraussetzungen und Folgen im Grunde verabscheut, wirkt die neue Rechte entschlossen und angriffsbereit. Als Beispiel sei der Sammelband vorgestellt, der im Herbst 1994 unter dem Titel »Die selbstbewußte Nation« erschien.* Er beginnt mit der Kampfansage von Botho Strauß, seinem »Anschwellenden Bocksgesang«, der bereits Aufsehen erregte, als der »SPIEGEL« ihn 1993 veröffentlichte. Über weite Strecken liest sich das Buch als Anklage des Ungeistes liberaler Weltoffenheit und Aufklärung, der Deutschland ergriffen hat, von der »re-education« und ihren Handlangern etwa in der »Frankfurter Schule« geprägt. Dieser Ungeist hat uns das Beharren beim Schuldigsein verordnet und den Selbsthaß gesät:

»Von ihrem Ursprung (in Hitler) an hat sich die deutsche Nachkriegs-Intelligenz darauf versteift, daß man sich nur der Schlechtigkeit der herrschenden Verhältnisse bewußt sein kann ... Intellektuelle sind freundlich zum Fremden, nicht um des Fremden willen, sondern weil sie grimmig sind gegen das Unsere und alle begrüßen, was es zerstört« (Botho Strauß*). Doch »endlich werden die antifaschistischen Sprechblasen platzen und sich die vorgetäuschten Schuldkomplexe wie die fortgesetzten Aufklärungsrituale als das erweisen, was sie sind – die doppelte Weigerung, mit dem eigenen das Schicksal des Landes anzunehmen« (Brigitte Seebacher-Brandt*). »Das Weltbürgertum kann zur Beheimatung des Menschen auf der Erde nichts beitragen, denn es erbt aus dem Liberalismus ... vor allem die Verachtung von Heimat, Volk und Vaterland« (Gerd Bergfleth*).

Und so fort, wie es bei Rechten oder Rechtsradikalen seit jeher zu hören war. Aber Botho Strauß kommt das Verdienst zu, daß er die Diskussion in die wirklich wichtige Dimension wendet. Es geht um eine Heimkehr zum Mythischen, »um eine geistige Reserve, die im Namen der Weisheit der Völker, im Namen Shakespeares, im Namen der Rangabwertung von Weltlichkeit, im Namen der Verbesserung der menschlichen Leidenskraft gegen die politischen Relativierungen von Existenz spricht ... Rechts zu sein, nicht aus billiger Überzeugung, aus gemeinen Absichten, sondern von ganzem Wesen, das ist, die Übermacht einer Erinnerung zu erleben, die den *Menschen* ergreift ... Es handelt sich um einen anderen Akt der Auflehnung: gegen die Totalherrschaft der Gegenwart, die dem Individuum jede *Anwesen-*

heit von unaufgeklärter Vergangenheit, von geschichtlichem Gewordensein, von mythischer Zeit rauben und ausmerzen will ... Verhängnisvoll ist es, keinen Sinn für Verhängnis mehr zu besitzen, unfähig zu sein, Formen des Tragischen zu verstehen.«*

Zum Tragischen gehören der Schmerz, die Opferbereitschaft, der Tod. »*Schmerzvermeidung* wurde zur stillschweigenden inneren Voraussetzung des Wiederaufbaus von Staat und Gesellschaft nach 1945.« Doch »anders als die schmerzfreie Gesellschaft, die alle Widerstände einebnet, die Erziehung ›angstfrei‹ zu machen sucht, den Bürger zum Sicherheits-Neurotiker deformiert, das Sterben ausgrenzt und den Tod tabuisiert, nimmt der ›riskante Mensch‹ sein Schicksal an ... Den Schmerz immer neu beginnen zu lassen in Selbstüberwindung und liebender Weltzuwendung, das ist die Maxime einer *Ethik des Schmerzes*, die im höchsten Bewußtsein die tiefste Form der Menschlichkeit erkennt« (Heimo Schwilk*). »Der aufrechte soziale Demokrat lebt für etwas, für das Leben. Für etwas zu sterben – das gab es nur in den großen Erzählungen der Vergangenheit, als das Leben noch nicht der Güter höchstes war und die zur nackten Lebenslust dazugehörende Todesvergessenheit« (Eberhard Straub*).

Hier wird der neue Mythos, zu dem man unterwegs ist, als der alte erkennbar. Kaum zufällig sind Ernst Jünger, Martin Heidegger und – mit einigem Abstand – Carl Schmitt die meistgenannten Autoren. Wie Strauß es über die Linksintellektuellen, die Liberalen, die Aufklärer sagt, die von der Macht der Mythen nichts mehr wissen: »Sie haben Heidegger verpönt und Jünger verketzert – sie müssen jetzt dulden, daß der große Schritt dieser Autoren, Dichter-Philosophen, ihr braves Insurgentum wie eine trockene Distel zertritt.«* Denn eine Wende kündigt sich an, und »sobald Chaos und Unheil heraufziehen, fahren die ersten Wirbel unter die Vernunft und lösen sie aus ihren geschickten Verhaftungen. Man spürt es daran, wie sie auf einmal unangemessen der Größe der drohenden Schatten spricht«*. Natürlich ist Geduld gefordert bis zu einer »Wiederkehr der Götter, wie Malraux und Jünger sie voraussagen«*, und »von der Gestalt der künftigen Tragödie wissen wir nichts. Wir hören nur den lauter werdenden Mysterienlärm, den Bocksgesang in der Tiefe unseres Handelns. Die Opfergesänge, die im Innern des Angerichteten schwellen.«*

Man mag das als spätherbstliches Gespinst abtun, wie auch die seltsame, gleichsam unterirdische Übereinkunft mit linkem Heimweh.* Strauß bezieht ohnehin eine radikal elitäre Position: »Die Minderheit! Ha! Das sind bei weitem schon zu viele!«* Zielbewußt allerdings werden Verbindungen zu einer deutschen Zeitströmung hergestellt: »Daß es so nicht weitergehen kann, haben zuerst die Ökologen eindrucksvoll herausgerufen und mit einigem Erfolg uns ins Gedächtnis geschärft. Das Limit-Diktum ließe sich übersetzen ins Politische, Sittliche und gewiß auch Sozialökonomische. Die Grenzen der Freiheit und der Erlaubnis scheinen im Angerichteten deutlich hervorzutreten.«* Von da aus könnte man womöglich »mit dem metaphysischen Draht zur Erde und zur Heimat einen deutschen Sonderweg statuieren, der das bankrotte Leitbild des technokratischen Liberalismus abzulösen berufen ist«. Es ist nämlich »nicht jedes Volk gleichermaßen befähigt, den Auftrag zur Erde zu erfüllen, sondern nur jenes, das über Traditionen eines naturgemäßen Lebens verfügt und zudem die Bereitschaft aufbringt, diese Überlieferung zu reaktivieren. Wenn diese Diagnose richtig ist, dann wächst dem deutschen Geist eine besondere Verantwortung für das Schicksal der Erde zu ...«*

Gespinste, mag sein. Doch der Entwurf einer Zukunft als Rückwendung zum Besonderen und die Sehnsucht nach dem neuen Mythos, der der alte ist, werden sich als wirksam erweisen, wenn sie Leerräume füllen und Geborgenheit verheißen, wo Ängste lauern und die Unsicherheit wuchert. Um den Mißverständnissen vorzubeugen: Natürlich ist es nicht so, daß irgendwie absehbar eine rechte »Machtergreifung« bevorsteht. Aber wenn die Rechte auch nur ihre »Definitionsmacht« verstärkt und festigt, wenn sie es ist, die die Wesensbestimmung der Nation sozusagen als deren Gralshüterin an sich reißt, dann kann schnell ein Klima entstehen, in dem man die parlamentarische Demokratie im Grunde nur mit Mißmut erträgt und in dem Aufklärung, Liberalität und Weltoffenheit einen schweren Stand haben. In der bornierten Unterscheidung des deutschen und des undeutschen Geistes würde als Verriegelung gegen das angeblich Fremde jene *Herzensverengung* wieder zum Zuge kommen, die schon Heine beklagte. Und in Zeiten der Krise gäbe es wenig Reserven, die sich zur Verteidigung der Freiheit aufbieten ließen. Darum bedarf es eines *anderen* Entwurfes der Zukunft, in dem die Nation ihre nicht mehr teils weinerliche, teils aggressive, sondern ihre selbstbewußte Begründung findet.*

Zur Orientierung bietet sich ein Vergleich mit den demokratischen Nationen Westeuropas und Amerikas an. Auf den ersten deutschen Blick mag ihr Selbstverständnis sich paradox ausnehmen. Denn einerseits geht es um das Besondere jeder Nation in ihrer Abgrenzung nach außen. Andererseits zielt Demokratie auf das Allgemeine und Verbindende. Gegen alle Formen von Absonderung sprechen Freiheit und Gleichheit für den Menschen als Menschen: »Niemand darf wegen seines Geschlechtes, seiner Abstammung, seiner Rasse, seiner Sprache, seiner Heimat und Herkunft, seines Glaubens, seiner religiösen oder politischen Anschauungen benachteiligt oder bevorzugt werden.«

Aber die geschichtliche Erfahrung widerlegt den theoretischen Gegensatz. Zwar gibt es die immer einmaligen historischen Ereignisse, die Kriege, Revolutionen und Siege, von denen her das nationale Selbstverständnis sich fortan begründet: die Tell- und

Winkelried-Saga der Eidgenossen, den Freiheitskampf der Niederlande gegen Habsburg-Spanien, die »glorreiche« Revolution in England und die große in Frankreich, die Unabhängigkeitserklärung und den Unabhängigkeitskrieg in den Vereinigten Staaten. Aber im Kern des Nationalbewußtseins steht der menschheitliche Anspruch. Urtümliche, stets aufs »Volk« zurückverwiesene Selbstbestimmung, Toleranz und Gewissensfreiheit, Parlamentarismus und Gewaltenteilung, Freiheit und Gleichheit als Bürger- und als Menschenrechte: alles Prinzipien, die nicht nur hier und heute, sondern absolut und universal gelten sollen. Der Stolz, das Selbstbewußtsein der Nationen begründet sich gerade daraus, daß sie solche Prinzipien gleichsam erfunden oder entdeckt, erkämpft und verteidigt haben, um sie fortan in dieser Welt als deren Erbstatthalter zu vertreten.

Das Beispiel der Vereinigten Staaten mag zur Anschauung helfen. »Das amerikanische Nationalbewußtsein«, schreibt Hans Kohn, »beruht auf dem Bewußtsein der Verschiedenartigkeit von anderen Nationen – verschieden aber *nicht* darin, daß diese Nation eine einmalige und einzigartige Erscheinung darstellt, sondern dadurch, daß sie als erstes Volk den *allgemeinen* Zug der menschlichen Entwicklung zu einer besseren vernunftgemäßen Ordnung, zu größerer individueller Freiheit und zu grundsätzlicher Gleichberechtigung mit größtmöglicher Annäherung an die Vollkommenheit verwirklicht hat.«* Daraus folgt das Bewußtsein einer besonderen – und das heißt eben in folgerichtiger Paradoxie: einer allgemeinen, um nicht zu sagen menschheitlichen Aufgabe. Wie Thomas Jefferson geschrieben hat: »Wir fühlen, daß uns Verpflichtungen auferlegt sind, die über den Bereich unserer eigenen Gesellschaft hinausreichen. Es ist unmöglich, daß wir nicht empfinden, wie wir für die gesamte Menschheit handeln, daß wir durch Umstände, die anderen versagt, uns aber gewährt wurden, die Pflicht auferlegt bekommen haben, in der Praxis zu versuchen, welchen Grad von Freiheit und Selbstverwaltung eine Gesellschaft ihren Mitgliedern anvertrauen darf.«*

Natürlich ergibt sich aus der Paradoxie auch eine Ambivalenz. Unschwer entsteht ein Sendungsbewußtsein, das Kreuzzugcharakter annehmen kann, um die »anderen«, die »Unerlösten« mit den eigenen Segnungen zu missionieren. Oder im Gegenzug ein Isolationismus, um das Errungene vom Bösen, von der Verderbtheit der Umwelt freizuhalten. Besonders leicht entsteht ein zwiespältiges Hin und Her zwischen Isolationismus und Kreuzzugsstimmung. Doch wie immer und wie problematisch das im Einzelfall sein mag, es löst sich jedenfalls der Anschein des Gegensatzes zwischen dem Besonderen und dem Allgemeinen; es zeigt sich eine innere Zugehörigkeit, das wechselseitige Bedingungsverhältnis. Nationalbewußtsein und Nationalstolz haben darin ihre Grundlage, daß in der eigenen Geschichte etwas menschheitlich Vorbildliches angelegt ist. Umgekehrt verweist dieses Vorbild-Bewußtsein zurück auf den dramatischen Gründungsakt, auf den Ursprung der Nation in ihrem Kampf um Freiheit und Unabhängigkeit. Welch überragende Bedeutung diesem Gründungsakt gerade dann zukommt, wenn es in der Krise, in einer schwierigen oder finsteren Situation darum geht, innere Reserven für die Verteidigung der Freiheit zu mobilisieren, mögen wiederum Beispiele zeigen.

Als im Jahre 1940 nach dem deutschen Sieg über Frankreich das Schicksal der Schweiz auf des Messers Schneide zu stehen schien, rief der eidgenössische Oberbefehlshaber, General Guisan, seine Truppenkommandanten auf dem Rütli zusammen, um hier, am historisch geheiligten Ort, miteinander die feierliche Verpflichtung einzugehen, im Falle des deutschen Einmarsches nicht zu kapitulieren, sondern die Alpenfestung bedingungslos zu verteidigen. Das erwies sich als Vorgang von hoher Symbolkraft; keinem Offizier oder Soldaten und auch keinem Zivilbürger der Schweiz mußte noch eigens gesagt werden, was gemeint war.

Zur Zeit des Rütli-Rapports hatten Hitlers Heere die Niederlande schon überrannt, und die Regierung befand sich im Exil. Kaum ein Niederländer, der den Zweiten Weltkrieg miterlebte, vermag heute noch zu sagen, wer eigentlich die Männer waren, die diese Regierung bildeten, verständlich genug. Eine Regierung, der zum Regieren wenig bleibt, wirkt nicht sehr eindrucksvoll. Aber jeder erinnert sich an die Rundfunkreden der Königin. Denn die Königin verkörperte das Haus Oranien – und das Haus Oranien den Ursprung der Nation in ihrem langen, anfangs fast aussichtslosen Kampf gegen einen übermächtigen Feind. So wurde eine unscheinbare Frau namens Wilhelmina zum Symbol der Hoffnung auf die Wiederkehr der Freiheit.

Es liegt nahe, und es ist durchaus berechtigt, von Mythen zu reden. Das gilt nicht nur im eidgenössischen Beispiel, bei dem man es mit den geschichtlichen Tatsachen nicht allzu genau nehmen darf und die Sagengestalt des Wilhelm Tell eigentlich erst durch Schillers Drama zu ihrer seither gültigen Form gefunden hat. Überall stößt man bei näherem Hinsehen gleich neben dem Idealischen auf das Banale und allzu Menschliche, zum Beispiel auf handfeste Macht- und Wirtschaftsinteressen. Oder auch, wie in Frankreich, auf die Schreckensherrschaft des Terrors. Das Nationalbewußtsein verkürzt und verklärt also; es erhebt zum Mythos, was einmal war. Aber aus den mythischen Elementen wächst die Kraft zum Bewahren für die Gegenwart und die Zukunft.

Die Bedeutung, um nicht zu sagen die schicksalsbestimmende Wirkung des dramatischen Gründungsakts wird nicht widerlegt, sondern bestätigt, wenn wir nach Deutschland zurückkehren. Das Bismarckreich entstand aus der Leistungstüchtigkeit des alten Obrigkeitsstaates, im militärischen Triumph über den »Erbfeind«, fortan im »Sedantag«

zum Symbol verdichtet. Was allerdings daraus sich ableiten ließ, war gerade nicht die Zivilgesellschaft und keine Verteidigung der Freiheit, sondern es waren die soldatischen Tugenden des Gehorsams, der Tapferkeit und der Pflichterfüllung bis in den Tod. Wie beispielhaft sie diesen Tugenden nachlebten und -starben, haben die Deutschen in zwei Weltkriegen bewiesen. »Der deutsche Soldat hat, getreu seinem Eid, im höchsten Einsatz für sein Volk für immer Unvergeßliches geleistet«, hieß es im letzten Wehrmachtbericht vom 9. Mai 1945. Erst recht gilt, daß man die Macht der Mythen vom Feind und vom Tod nur verstehen kann, wenn man sie mit dem Gründungsgeschehen unseres ersten Nationalstaates verbindet.

Der Rückblick auf diesen ersten Nationalstaat läßt aber unversehens erkennen, daß der zweite unter anderen – nein, mehr noch: unter kraß gegensätzlichen Vorzeichen begründet wurde. Nicht der Siegesglanz, sondern der schmähliche Einsturz eines Obrigkeitsstaats stand an seinem Anfang. Nicht die Macht der Waffen, sondern eine friedliche Revolution bezwang ihn. Nicht der eine große Mann, kein politisches Genie hat den Ausschlag gegeben, sondern eine Bürgerbewegung. Nicht die soldatische Tapferkeit, sondern Zivilcourage war wichtig.

Ja, Zivilcourage: In den kritischen Oktobertagen des Jahres 1989 konnte niemand wissen, ob das bedrängte Regime nicht mit einer »chinesischen« Lösung, mit blutiger Unterdrückung antworten würde. Kaum von ungefähr hatte es seine »Staatssicherheit« bis zur Perfektion organisiert; gewiß absichtsvoll begrüßten die Machthaber, was in China geschah. Darum hat Jens Reich im Erinnern geschrieben:

»Ominöse Parallelen zum 17. Juni 1953, zum ungarischen und polnischen Herbst 1956, zum Danziger Winter 1970, zu Jaruzelskis Winterkrieg 1981/82 gegen das eigene Volk und zum Pekinger Platz des Himmlischen Friedens von 1989 gab es reichlich. Je älter jemand war, desto tiefer hatte er die Engramme im Gedächtnis. – Daß der Herbst 1989 einen ganz anderen Verlauf nehmen würde, wurde erst im Oktober deutlich. Bis dahin hatten die Machthaber noch alle Optionen offen, und kein Stirnrunzeln aus Moskau, kein Protest aus Bonn oder Washington hätte sie stoppen können, hätten sie sich um den 10. Oktober zum Handeln entschlossen. Wir wußten genau, wie der Westen am 13. August 1961 reagiert hatte ... Dic Freiheit mußten wir selbst erkämpfen, und in der Niederlage würden wir allein sein.«*

Im übrigen mäkele man nicht. Es versteht sich, daß wenig oder nichts in Bewegung geraten wäre ohne den Mann in Moskau, Michail Gorbatschow, ohne das Beispiel der Polen und ohne den Entschluß der Ungarn, ihre Grenzen zu öffnen. Doch immer spielt die Gunst oder Ungunst der geschichtlichen Umstände eine wichtige Rolle. Ob man sie mit Mut und mit Umsicht nutzt oder feige verfehlt, das ist die entscheidende Frage.

Ähnlich beim Nörgeln um die Beteiligung: Haben denn alle Deutschen sich im Herbst 1989 erhoben? Natürlich nicht. Muß man selbst in der DDR nicht von einer Minderheit sprechen, solange es noch ein Risiko gab? Selbstverständlich. Aber zum Vergleich: Keineswegs alle Franzosen haben am Sturm auf die Bastille teilgenommen, und nüchtern betrachtet handelte es sich um eine fragwürdige Aktion. Als Gefängnis stand diese Zwingburg längst schon leer, und Unschuldige wurden umgebracht. Aber sinnbildlich fiel das Ancien régime, wie mit ihrer Mauer die DDR; darum ist der Jahrestag des Sturms zum Nationalfeiertag geworden, der mit dem Tanz auf den Straßen ebenso begangen wird wie mit Truppenparaden.

Wo es um Sinnbilder geht, muß man achtsam sein. Bereits die Wortwahl ist wichtig. Mit Recht ärgert sich Jens Reich über den Begriff der »Wende«, den Egon Krenz in Umlauf brachte, als er zum Generalsekretär der SED und zum Vorsitzenden des Staatsrats aufrückte: »›Wende‹ für die bedeutendste geschichtswirksame Handlung, die jemals in Deutschland nicht als Diktat von oben, sondern als spontane Bürgerbewegung hervorgebracht wurde – das ist nun tatsächlich Freudsche Verdrängung. Eine Wende, eine kleine Drehung, Pferdewechsel, ein Wiederauftauchen nach dem Kopfsprung ins kalte Wasser, ein Purzelbaum, ein kurzes Blackout. ›Wende‹ macht die Sache klein und verleiht ihr den Geruch einer von oben mit Weisheit und Einsicht eingeleiteten Maßnahme.«*

Vielleicht sollte man sich zur »Erhebung« entschließen. Denn darum ging es doch, daß Menschen sich aus unvordenklich eingeprägter Untertänigkeit erhoben und den aufrechten Gang versuchten. Jeder junge Mensch, jede neue Generation muß sich einmal vom Tisch der Eltern erheben, von Vormundschaft und Fürsorge losreißen, um – wie es bei Kant heißt – »durch einigemal Fallen wohl endlich gehen zu lernen« und nicht bloß äußerlich, sondern gleichsam von innen her mündig zu werden. Entsprechend die Völker. Um als Nation mündig zu werden, muß man einmal einen König geköpft oder ihn als Tyrannen verjagt haben, muß man der Obrigkeit von Gottes oder von eigenen Gnaden den Gehorsam aufkündigen und Fremdherrschaft abschütteln. Die Deutschen waren und blieben eine verspätete und unmündige Nation, weil ihnen das niemals gelang. Jetzt ist es gelungen.

Bloß als Anmerkung und Erinnerung: In gewissem Sinne hat in der Bundesrepublik die Bewegung von 1968 eine solche Erhebung versucht und in mancher Hinsicht auch durchgesetzt. Aber sie geriet in eine doppelt schiefe Lage. Erstens hatte sie es nicht mit einem ingrimmig vormundschaftlichen Staat zu tun, so daß sie sich weithin ins Leere und bisweilen ins Lächerliche verlor. Zweitens zählten Nation und Nationalstaat zum Gerümpel der verachteten Väter, das man auf den Dachboden oder in den Keller verbannte. Daher gehören gerade die Veteranen von 1968 zu denen, die die Wiedervereinigung tief verstörte und die seither ihre Liebe zur alten Republik entdecken, die sie einst umstürzen wollten.

Wohl noch wichtiger als Worte sind die Symbole, zum Beispiel die Nationalfeiertage. Warum eigentlich hat man – fast unwidersprochen – den 3. Oktober gewählt? Das Datum folgte aus den Verhandlungen über den Einigungsvertrag und seiner Ratifizierung durch die Parlamente. Doch gilt es etwa zu feiern, was ein Bundesinnenminister und ein Staatssekretär mit ihren Experten und Beamtenstäben zustande brachten, und sei es bei kaum überschaubaren Problemen und unter hohem Zeitdruck noch so ehrenwert? Wenig oder nichts von der Zivilcourage und dem spontanen Handeln deutscher Bürger, die ein Regime zum Einsturz brachten, läßt sich mit dem 3. Oktober verbinden.

Siegt am Ende einmal mehr ein Staatsverständnis, von dem man im Rückblick auf die Wechselfälle des Jahrhunderts und in der Abwandlung eines Stalin-Satzes sagen könnte: Die Regime kommen und gehen, aber die deutsche Obrigkeit bleibt als Beamtenherrschaft bestehen? Oder muß man, wie Jens Reich beim »Wende«-Begriff, von Verdrängung reden? Stammt daher ein Teil unserer Ängste und Depressionen? Manchmal scheint es, als seien wir – vorbewußt – noch immer die Untertanen, denen die Vertreibung der Vormünder sozusagen aus Versehen passierte und die nun, eine Strafe des Himmels fürchtend, mit Bangen lesen, was im Römerbrief,

Kapitel 13, Vers 2 geschrieben steht: »Wer sich nun der Obrigkeit widersetzt, der widerstrebt Gottes Ordnung; die aber widerstreben, werden über sich ein Urteil empfangen.«

Anders wäre es mit dem 9. November, dem Tag oder der Nacht, als die Mauer fiel. Dieses Ereignis war die direkte Folge der ständig anschwellenden Demonstrationen, die in den Wochen zuvor in der DDR stattgefunden hatten; *dieser* Tag hätte wirklich zum Zeichen dafür getaugt, wie für die Franzosen der Sturm auf die Bastille, daß etwas Neues begann und daß ein Sieg der Freiheit die Einheit begründete.

Wenn man so etwas sagt, bekommt man freilich zu hören, daß der Tag »vorbelastet« sei. Es ist wahr, er bildet ein Schicksalsdatum unseres 20. Jahrhunderts. Mit der Ausrufung der Republik bezeichnet der 9. November 1918 das Ende einer Epoche – und nur zu bald wurde daraus das »Novemberverbrechen«. Hitler, der sich auf die Macht der Symbole verstand, hat sich zum Erlöser aus dem Unheil stilisiert und bereits seinen Münchener Putsch von 1923 auf dieses Datum angelegt. Später wurde alljährlich der »Marsch auf die Feldherrnhalle« so düster wie triumphal nachinszeniert. Und in der November-Pogromnacht von 1938 brannten die Synagogen als Feuerzeichen eines Wahns, der das eingebildete Verbrechen durch das wirkliche vertilgen wollte.

Aber was spricht eigentlich dagegen, daß sich zur Freude über das in Deutschland endlich Gelungene ein Gran Nachdenklichkeit gesellt, ein Blick zurück in die Abgründe? Um so deutlicher könnten wir im Kontrast doch erkennen, was wir gewonnen haben und was es wert ist, bewahrt und verteidigt zu werden.

Übrigens, auf die Seite hin zur Linken gesprochen: Eigentlich sollte doch auch oder gerade sie vom 9. November her den neuen Nationalstaat als den ihren annehmen können oder jedenfalls ihn als historische Chance verstehen lernen. Dann allerdings müßte man mithelfen, um zu bewahren und zu würdigen, was im Herbst 1989 geschah, statt stumm oder klagend im Abseits zu stehen. (Und zur Empörung darüber, daß die Massen zum Wohlstand drängten, statt sich – wieder einmal – in Entsagung zu üben und den Sozialismus neu zu erbauen, kann man nur spotten: Ihr seid mir schöne Materialisten. Habt ihr bei Marx denn gar nichts gelernt? Oder alles schon vergessen?)

Indessen wird wohl gleich wieder das Entsetzen aufrühren, wer von Mythen redet. Sagen wir darum mit Vorsicht: Für Menschen und für Nationen ist nicht nur bedeutsam, was die Vernunft erkennt, sondern auch oder erst recht, was die Gefühle, die Herzen anspricht. Im Zeitalter des Fernsehens sind die bewegten und bewegenden Bilder wichtig, und in der Rückschau 1994 konnte man die Probe machen: »Fünf Jahre nach dem Fall der Mauer haben die Bilder des Fernsehens, die am 9. November 1989 und in den Tagen danach in Berlin entstanden, nichts von ihrer ungeheuren Suggestivkraft verloren. Kein kluger Kommentar, keine erlesene Diskussionsrunde und keine sorgfältig aufbereitete Chronik kann mit der unmittelbaren Kraft jener Zeitzeugnisse konkurrieren, die nun wieder über die Bildschirme laufen, als wäre gerade eben der erste Trabi über den Kurfürstendamm geknattert. – Manch einem stehen jetzt wieder die Tränen in den Augen, wenn noch einmal die Massenszenen der Befreiung und der ungläubigen Freude, die Explosion des Sozialen und die Begeisterung all der einzelnen gezeigt werden, die den ›Wahnsinn‹ nicht fassen konnten, der heute Normalität ist.«*

Das Fernsehen ist ein Medium der puren Gegenwart, zu der das Vergessen gehört. Was gestern erregte, interessiert heute niemanden mehr. Wenn aber seine Bilder nach fünf Jahren noch bewegen, dann kann man fast schon vermuten, daß sie dies nach fünfzig oder hundert Jahren ebenso tun werden. Dann ist, wie in manchen Kultfilmen des Kinos, in ihnen etwas angelegt, was uns in der Tiefe berührt – und woraus dann womöglich die Mythen entstehen.

Natürlich genügen die Bilder nicht. Wie Begriffe ohne Anschauung leer bleiben, so erweist sich die Anschauung ohne Begriff als blind. Wenn darum der zweite deutsche Nationalstaat als Wiedervereinigung der Freiheit mit der Nation gelingen soll, dann ist es die intellektuell und politisch entscheidend wichtige Aufgabe, uns das Gründungsgeschehen begreifen zu lassen, in dem Zivilcourage einen Obrigkeitsstaat zum Einsturz gebracht hat. Diese in Deutschland neue geschichtliche Erfahrung für die Zukunft wirksam zu machen, darauf kommt es jetzt an.

Zwei Entwürfe der Zukunft: Der eine, darin ist Botho Strauß durchaus zuzustimmen, muß wieder das Tragische ins Recht setzen. Und früher oder später muß er zum Mythos vom Feind und vom Tod zurückkehren. Denn nur vom Feind her läßt sich geschichtsmächtig begründen, warum die Wesensbestimmung der Nation sich im Tragischen, in der »existentiellen« Unterscheidung, in der Abgrenzung gegen den anderen, den Fremden erfüllen soll.*

Im zweiten Entwurf geht es um das Leben in Freiheit, und dazu bedarf es des Feindes nicht, nur – dies allerdings mit Nachdruck – der Verteidigung, wenn die Freiheit angegriffen wird und damit die Verheißung der Menschlichkeit und des Glücks vernichtet werden soll, die in ihr angelegt ist.

Am Ende seines großes Werkes »Über die Demokratie in Amerika« hat Alexis de Tocqueville gesagt: »Ich weiß wohl, daß einige meiner Zeitgenossen die Ansicht vertreten, die Völker seien auf Erden nie ihre eigenen Herren und gehorchten notwendig ich weiß nicht welcher unüberwindbaren und blinden Macht, die früheren Ereignissen, der Rasse, dem Boden oder dem Klima entspringt. Das sind falsche und feige Lehren, aus denen stets nur schwache Menschen und verzagte Nationen hervorgehen; die

Vorsehung hat das Menschengeschlecht weder ganz frei noch vollkommen sklavisch geschaffen. Zwar zieht sie um jeden Menschen einen Schicksalskreis, dem er nicht entrinnen kann; innerhalb dieser weiten Grenzen aber sind die Menschen mächtig und frei; so auch die Völker.«

In diesem Sinne können wir nichts daran ändern, eine Nation zu sein. Aber wir können für sie die eine oder die andere Zukunft entwerfen. Wir haben die Wahl.

Anmerkungen

7 Entmythologisierung als theologisches Programm verbindet sich vor allem mit dem Namen Rudolf Bultmann, 1884–1976. Bultmann sah die Botschaft des Neuen Testaments darum als kaum mehr zugänglich an, weil sie von mythologischen Vorstellungen der Antike überlagert wird, die dem modernen Menschen fremd geworden sind. Die Wahrheit des Evangeliums hänge aber nicht von solchen Vorstellungen ab, sondern vom Wort Gottes, das uns »existentiell« berühre und zum Glauben rufe.

8 Sorel, 1847–1922, war eigentlich Ingenieur. Seine Lehre vom revolutionären Syndikalismus wurde von Proudhon und Marx, aber auch von Nietzsche und Bergson beeinflußt.

9 Zum ewigen Frieden, Erster Zusatz: Von der Garantie des ewigen Friedens.

10 Siehe dazu vom Verfasser: Die Deutschen in ihrem Jahrhundert 1890–1990, Reinbek 1990. Dieses Buch enthält umfangreiches Quellenmaterial, auf das hier zugunsten der knappen Form verzichtet wird.

15 Michael Stürmer, Das ruhelose Reich – Deutschland 1866–1918, 2. Auflage Berlin 1983, S. 91.

17 Erstdruck in der »Frankfurter Zeitung« vom 4. August 1914. Ein weiterer Abdruck erfolgte in der Sammlung »Der deutsche Krieg im deutschen

Gedicht«, die Julius Bab herausgab (hier: 2. Heft, Berlin 1914). Siehe auch: Deutschland Deutschland – Politische Gedichte vom Vormärz bis zur Gegenwart, ausgewählt und herausgegeben von Helmut Lamprecht, Bremen 1969.

17 Siehe zu den anderthalb Millionen: Klaus Vondung, Deutsche Apokalypse 1914, in: Klaus Vondung (Herausgeber), Das wilhelminische Bildungsbürgertum – Zur Sozialgeschichte seiner Ideen, Göttingen 1976, S. 154. – Zum Thema sei ferner genannt: Thomas Anz und Joseph Vogl (Herausgeber), Die Dichter und der Krieg – Deutsche Lyrik 1914–1918, München und Wien 1982.

17 Siehe als Einführungen: Klaus Böhme (Herausgeber), Aufrufe und Reden deutscher Professoren im Ersten Weltkrieg, Stuttgart 1975; Wilhelm Pressel, Die Kriegspredigt 1914–1918 in der evangelischen Kirche Deutschlands, Göttingen 1967; Eckart Koester, Literatur und Weltkriegsideologie – Positionen und Begründungszusammenhänge des publizistischen Engagements deutscher Schriftsteller im Ersten Weltkrieg, Kronberg/Ts. 1977.

17 Eine anschauliche Darstellung, noch aus eigenem Erleben, gibt Sebastian Haffner: »Sedantag«, in: Im Schatten der Geschichte – Historisch-politische Variationen aus zwanzig Jahren, Stuttgart 1985, S. 63 ff.

18 Meine Kriegserinnerungen 1914–1918, Berlin 1919, S. 44.

22 Hermann Thimmermann, Der Sturm auf Langemarck – Von einem, der dabei war, 8. Auflage München 1941, S. 99 f. – Zum Thema sei noch genannt: Reinhard Dithmar, Der Langemarck-Mythos in Dichtung und Unterricht, Neuwied 1992.

23 A. a. O., S. 85.
25 Der Wanderer zwischen beiden Welten – Ein Kriegserlebnis, 9. Auflage München 1918, S. 52 f.
25 A. a. O., S. 85 und 103.
25 Exemplarisch ist der Buchtitel des bekannten Nationalökonomen Werner Sombart zu nennen: Händler und Helden – Patriotische Besinnungen, München und Leipzig 1915.
25 Rainer Maria Rilke schrieb seinen »Cornet«, mit dem er populär wurde, 1899; Überarbeitungen folgten 1904 und 1906.
25 Siehe dazu German Werth, Verdun – Die Schlacht und der Mythos, Bergisch Gladbach 1979.
27 Zitiert nach: Karl Barth, Eine Schweizer Stimme 1938–1945, Zollikon-Zürich 1945, S. 342.
31 Die Kriegsverschuldung des Reiches betrug 154 Milliarden Mark. Nach der Währungsreform im November 1923 von einer Billion zu eins blieben also 15,4 Pfennige. »Fiskalisch gesehen ist der Erste Weltkrieg der billigste Krieg, der je geführt wurde«, hat Hagen Schulze sarkastisch gesagt. (Weimar – Deutschland 1917–1933, Berlin 1982, S. 36.) Nur eben: Es gab kaum eine andere Möglichkeit, um das Reich finanziell wieder handlungsfähig zu machen.
33 Krieges Anfang, neuabgedruckt in: Aufrufe und Reden deutscher Professoren, a. a. O., S. 59 f. Ähnlich fast überall. Das schon erwähnte Buch von Werner Sombart »Händler und Helden« meint mit den Händlern natürlich die Engländer. Der Philosoph Max Scheler fügte seinem hymnischen Buch »Der Genius des Krieges und der deutsche Krieg« eine Kategorientafel britischer Perversitäten an (Leipzig 1915, S. 442 f.); und so fort.

33 Eduard Bernstein, 1850–1932, seit 1872 Sozialdemokrat, lebte ab 1887 im Londoner Exil. Dort lernte er nicht nur den alten Friedrich Engels, sondern auch die undogmatischen Anfänge des englischen Sozialismus kennen. 1901 zurückgekehrt, entfachte er den »Revisionismusstreit«. 1903 verurteilte der Parteitag der SPD seine Lehre, und bis zum Krieg blieb es bei der Ablehnung, obwohl sich in der Praxis Bernstein immer mehr durchsetzte.

33 Helmuth Plessner in: Soziologie und moderne Gesellschaft – Verhandlungen des 14. Deutschen Soziologentages, Stuttgart 1959, S. 14. – Plessners Ironie bezog sich hier auf die eigentümlich verspäteten Verhältnisse in der DDR.

34 Diese schlechte Vorbereitung gab es nicht nur bei Parteien, sondern auch bei entschieden republikanischen Linksintellektuellen. Kurt Tucholsky zum Beispiel schrieb sein bitterböses »Lied vom Kompromiß«, in dem es heißt:

»Seit November tanzt man Menuettchen,
wo man schlagen, brennen, stürzen sollt.
Heiter liegt der Bürger in dem Bettchen,
die Regierung säuselt gar zu hold.
Sind die alten Herrn auch rot bebändert,
deshalb hat sich nichts bei uns geändert.
Kommts, daß Ebert hin nach Holland geht,
spricht er dort zu seiner Majestät:
›Schließen wir nen kleinen Kompromiß:
Davon hat man keine Kümmernis.
Einerseits – und andrerseits –
So ein Ding hat manchen Reiz ...‹
Und durch Deutschland geht ein tiefer Riß.
Dafür gibt es keinen Kompromiß.«

(Siehe von Tucholsky: Gesammelte Werke, Band I, Reinbek 1960, S. 377 f.)

38 Mein Kampf, zitiert nach der 190.–194. Auflage, München 1936, S. 224 f.

39 Rathenaus Artikel »Ein dunkler Tag«, der überall Aufsehen erregte, erschien am 7. Oktober 1918 in der Berliner »Vossischen Zeitung«. Auf eine Anfrage des Reichskanzlers im Großen Hauptquartier lehnte Ludendorff den Gedanken einer Massenerhebung nüchtern ab: »Levée en masse würde mehr zerstören als man ertragen kann.«

40 Anmerkungen zu Hitler, München 1978, S. 15.

41 A. a. O., S. 129.

41 Auf seine Weise hat Heinrich Himmler das Problem beschrieben: »›Das jüdische Volk wird ausgerottet‹, sagt ein jeder Parteigenosse, ›ganz klar, steht in unserem Programm, Ausschaltung der Juden, Ausrottung, machen wir.‹ Und dann kommen sie alle an, die braven achtzig Millionen Deutschen, und jeder hat seinen anständigen Juden. Es ist klar, die anderen sind Schweine, aber dieser eine ist ein prima Jude.« Daher bleibt die Vernichtung einer Elite vorbehalten, die sich dann sagen darf: »Dies ist ein niemals geschriebenes und niemals zu schreibendes Ruhmesblatt unserer Geschichte.« (Rede des Reichsführers der SS vom 4. Oktober vor SS-Führern in Posen, abgedruckt unter anderem bei Joachim C. Fest, Das Gesicht des Dritten Reiches – Profile einer totalitären Herrschaft, München 1963, S. 162.)

43 Die Wannsee-Konferenz, auf der die Maßnahmen zur »Endlösung« beschlossen wurden, fand am 20. Januar 1942 statt. Im Dezember 1941 hatte die Niederlage der Wehrmacht vor Moskau gezeigt, daß das »Unternehmen Barbarossa«, der Blitzfeldzug gegen die Sowjetunion, gescheitert war. Gleichzeitig begann der Krieg gegen die Vereinigten Staaten.

43 Mein Kampf, a. a. O., S. 70.

44 A. a. O., S. 386.

44 Der Arbeiter, Hamburg 1932, S. 71.

47 Der Begriff des Politischen, zuerst 1927; hier und im folgenden zitiert nach der 3. Auflage, Hamburg 1933, S. 7. – Als wichtige Schriften aus der Zeit der Weimarer Republik seien von Schmitt ferner genannt: Politische Romantik, zuerst 1919; Die Diktatur, zuerst 1921; Politische Theologie, zuerst 1922; Die geistesgeschichtliche Lage des heutigen Parlamentarismus, zuerst 1923; Verfassungslehre, zuerst 1928; Legalität und Legitimität, zuerst 1932. – Alle diese und andere Schriften von Carl Schmitt sind in den vergangenen Jahren im Verlag Duncker & Humblot, Berlin, neu erschienen.

47 A. a. O., S. 48.

47 S. 9.

47 S. 15.

49 S. 18.

49 S. 12.

49 Politische Theologie – Vier Kapitel zur Lehre von der Souveränität, München und Leipzig 1922, S. 54.

50 Politische Theologie, S. 14 f.

50 Dazu näher vom Verfasser: Die Entscheidung – Eine Untersuchung über Ernst Jünger, Carl Schmitt, Martin Heidegger, Stuttgart 1958, Neuausgabe Frankfurt am Main und New York 1990, S. 60 f.

50 Der Begriff des Politischen, S. 31.
51 A. a. O., S. 33.
51 Politische Theologie, S. 31.
52 A. a. O., S. 50.
53 A. a. O. – Schmitt folgt hier einem seiner Vorbilder, dem spanischen Theoretiker der Gegenrevolution Donoso Cortés (1809–1853).
54 Die geistesgeschichtliche Lage des heutigen Parlamentarismus, 2. Auflage München und Leipzig 1926, S. 22.
54 Legalität und Legitimität, München und Leipzig 1932, S. 92 ff.
57 Siehe zum Thema: Reinhart Koselleck und Michael Jeismann (Herausgeber), Der politische Totenkult – Kriegerdenkmäler in der Moderne, München 1994.
58 Erstabdruck unter dem Titel »Deutsches Lied« in der Berliner »Täglichen Rundschau« vom 21. August 1914. Siehe von Schroeder: Gesammelte Werke, Band I, Berlin und Frankfurt am Main 1952. Die Melodie schuf Heinrich Spitta.
59 Über politische Lyrik im 20. Jahrhundert, Göttingen 1965.
59 Hagen Schulze, Weimar – Deutschland 1917–1933, Berlin 1982, S. 125.
60 Siehe zum Thema vom Verfasser: Scheiterhaufen – Größe und Elend des deutschen Geistes, zuerst 1983, Neuausgabe Reinbek 1993; zu den Feuersprüchen bei den Bücherverbrennungen vom 10. Mai 1933: S. 13 f.
61 Die totale Mobilmachung, in: Krieg und Krieger, herausgegeben von Ernst Jünger, Berlin 1930, S. 29.
61 Der Kampf als inneres Erlebnis, Berlin 1922, S. 53.

62 A. a. O., S. 108.
62 S. 76.
63 S. 32 und 74.
63 Krieg und Krieger, in: Krieg und Krieger, a. a. O., S. 63.
64 A. a. O., S. 62.
64 Georg Misch, Lebensphilosophie und Phänomenologie – Eine Auseinandersetzung der Diltheyschen Richtung mit Heidegger und Husserl, 2. Auflage Leipzig und Berlin 1931, S. 1 f.
65 Sein und Zeit, 1. Hälfte, zitiert nach der 5. Auflage, Halle/S. 1941, S. 127.
65 In einem durchaus vergleichbaren Sinne hat Hitler in »Mein Kampf« die parlamentarische Verantwortungslosigkeit angeprangert (a. a. O., S. 85 ff.) und gegen sie sein »Führerprinzip« gesetzt.
65 Sein und Zeit, S. 189.
66 Natürlich gab es Vorläufer. Oswald Spenglers Geschichtsdeutung, die in zwei Bänden 1918 und 1933 erschien, erregte nicht zuletzt mit ihrem Titel Aufsehen: »Der Untergang des Abendlandes«. Für die Zeit des Kaiserreiches wären vor allem zu nennen: Paul de Lagarde (1827–1897) und Julius Langbehn, genannt der »Rembrandtdeutsche« (1851–1907). Siehe zum Thema: Fritz Stern, Kulturpessimismus als politische Gefahr – Eine Analyse nationaler Ideologie in Deutschland, Taschenbuchausgabe München 1986. Stern bezieht auch noch Arthur Moeller van den Bruck ein (1876–1925) und spricht von einem »weinerlichen Heroismus« oder von »kulturellen Maschinenstürmern«, von »Menschen also, die in ihrem Haß auf die Modernität die ganze Maschinerie der Kultur zerstören wollten« (S. 8).

66 Heidegger selbst hat sich später von jeder zeitgeschichtlichen Verstrickung freigesprochen und behauptet, daß es ihm allein um die vergessene Frage nach dem »Sein« gegangen sei: »Einen deutlicheren Beleg für die Macht der Seinsvergessenheit, in die alle Philosophie versunken ist, die aber zugleich der geschickhafte Anspruch an das Denken in Sein und Zeit geworden und geblieben ist, konnte die Philosophie nicht leicht aufbringen, als durch die nachtwandlerische Sicherheit, mit der sie an der eigentlichen und einzigen Frage von Sein und Zeit« – eben der Seinsfrage – »vorüberging. Darum handelt es sich auch nicht um Mißverständnisse gegenüber einem Buch, sondern um unsere Verlassenheit vom Sein.« (Was ist Metaphysik?, Einleitung zur 6. Auflage, Frankfurt am Main 1951, S. 17) Das mag man hinnehmen oder nicht. Daß jemand von den Umtrieben seiner Zeit, von ihren Ängsten und Sehnsüchten nicht bewegt wird, kann gerade der kaum glauben, der sich in die Analysen von »Sein und Zeit« vertieft. Unbestreitbar bleibt in jedem Falle Heideggers zeitgeschichtliche *Wirkung*.

67 Die totale Mobilmachung, a. a. O., S. 25 und 30.

68 Der Arbeiter, Hamburg 1932, S. 40.

68 A. a. O., S. 55.

71 Die Naturgeschichte der Aggression hat Konrad Lorenz zum Thema gemacht. Sein ebenso umstrittenes wie viel gelesenes Buch »Das sogenannte Böse« erschien zuerst 1963 und schon 1968 in der 22. Auflage.

73 »Heil mir, daß ich Ergriffene sehe«, heißt das Lied aus dem Zyklus »Fünf Gesänge«, das die Offenbarung des Krieges feiert. Die Verwandtschaft seiner

Bilder mit denen der Elegie ist offensichtlich. Es beginnt mit den Zeilen:

> »Heil mir, daß ich Ergriffene sehe. Schon lange
> war uns das Schauspiel nicht wahr,
> und das erfundene Bild sprach nicht entscheidend uns an.
> Geliebte, nun redet wie ein Seher die Zeit
> blind, aus dem ältesten Geist.
> Hört. Noch hörtet ihr's nie. Jetzt seid ihr Bäume
> die die gewaltige Luft lauter und lauter durchrauscht;
> über die ebenen Jahre stürmt sie herüber
> aus der Väter Gefühl, aus höheren Taten, vom hohen
> Heldengebirg, das nächstens im Neuschnee
> eures freudigen Ruhms reiner, näher erglänzt.«

75 Als genauere Darstellung siehe vom Verfasser: Preußen und seine Frauen, in: Preußen – Eine Bilanz, Stuttgart 1992, S. 113 ff.; ferner als exemplarische Darstellung: Die Stunde der Frauen, Stuttgart 1988.

76 Es sei verwiesen auf: Rainer Eisfeld, Wild Bill Hickok – Westernmythos und Wirklichkeit, Reinbek 1994.

79 Zweites Buch (zuerst 1840), Zweiter Teil, IX. Kapitel.

80 A. a. O.

81 A. a. O.

82 Als Hinweise zur Literatur seien genannt: Jürgen Habermas, Eine deutsche Art von Schadensabwicklung, Frankfurt am Main 1987: »Historikerstreit« – Die Dokumentation der Kontroverse um die Einzigartigkeit der nationalsozialistischen

Judenvernichtung, München 1987; Dan Diner (Herausgeber), Ist der Nationalsozialismus Geschichte? Zu Historisierung und Historikerstreit, Frankfurt am Main 1987; Hans-Ulrich Wehler, Entsorgung der deutschen Vergangenheit? Ein polemischer Essay zum »Historikerstreit«, München 1988; Imanuel Geiss, die Habermas-Kontroverse – Ein deutscher Streit, Berlin 1988; Charles S. Maier, Die Gegenwart der Vergangenheit – Geschichte und nationale Identität der Deutschen, Frankfurt am Main 1992.

82 4. Auflage Frankfurt am Main und Berlin 1989. Als weiterführende Arbeit sei von Nolte noch genannt: Streitpunkte – Heutige und künftige Kontroversen um den Nationalsozialismus, Berlin und Frankfurt am Main 1993.

84 Siehe oben, S. 38.

85 Der Film, unter der Regie von Veit Harlan, entstand 1940, also kurz bevor die Judenverfolgung in die systematische Vernichtung mündete.

85 Noch 1964 wurde der Verfasser unvermutet mit dem Sachverhalt konfrontiert, als ihn in Kiew ein Taxifahrer fragte: »Ich verstehe ja, daß große Staaten sich bekriegen. Aber warum habt ihr das mit den Juden getan? Das waren doch *eure* Leute.«

86 Die zunächst umjubelte Friedenspolitik Neville Chamberlains wäre durchaus sinnvoll gewesen, wenn der britische Premierminister es mit einem europäischen Staatsmann traditionellen Zuschnitts zu tun gehabt hätte. Aber das war Hitler eben nicht. Die Illusion zerbrach, als Hitler nur wenige Monate nach dem Münchener Abkommen seine Truppen in Prag einmarschieren ließ.

87 Über die Demokratie in Amerika, Erstes Buch, Zweiter Teil, Kapitel IX.

89 Heinrich von Treitschkes deutsche Sendung, in: Der Panther, 5, 1917, S. 437. – Als Literatur zum Thema sei nochmals genannt: Klaus Böhme (Herausgeber): Aufrufe und Reden deutscher Professoren im Ersten Weltkrieg, Stuttgart 1975. Siehe ferner: Klaus Schwabe, Wissenschaft und Kriegsmoral – Die deutschen Hochschullehrer und die politischen Grundlagen des Ersten Weltkriegs, Göttingen 1969; Hermann Lübbe, Die philosophischen Ideen von 1914, in: Politische Philosophie in Deutschland, Basel 1963, S. 173 ff. – Aus den zeitgenössischen Sammelwerken seien genannt: Deutsche Reden in schwerer Zeit, 3 Bände, Berlin 1915 ff.; Die deutsche Freiheit – 5 Vorträge, herausgegeben vom Bund deutscher Künstler und Gelehrter, Gotha 1917; Deutschland und der Weltkrieg, herausgegeben von Otto Hintze, Friedrich Meinecke, Hermann Oncken und Hermann Schumacher, Leipzig 1916.

90 19./24. Auflage Berlin 1922, S. 246, XXXIV, XXXVI.

90 Siehe Kurt Sontheimer, Antidemokratisches Denken in der Weimarer Republik – Die politischen Ideen des deutschen Nationalismus zwischen 1918 und 1933, München 1962. Diese umfassende, materialreiche Untersuchung belegt, daß nicht der Antibolschewismus, sondern der Antiliberalismus das allen Einzelpositionen, Gruppen und Bewegungen Gemeinsame war.

90 Siehe dazu: Armin Mohler, Die konservative Revolution in Deutschland 1918–1932. Grundriß ihrer Weltanschauungen, Stuttgart 1950. Als Standardwerk über den deutschen Konservatismus ist zu nennen: Martin Greiffenhagen, Das Dilemma des Konservatismus in Deutschland, München 1971.

91 Der Arbeiter, Hamburg 1932, S. 201.

92 Rechtsstaat oder Diktatur? Tübingen 1930, S. 17 f.

93 Ernst Nolte, Links und rechts – Über Geschichte und Aktualität einer politischen Alternative, in: Die selbstbewußte Nation, herausgegeben von Heimo Schwilk und Ulrich Schacht, Frankfurt am Main und Berlin 1994, S. 160.

94 Das Standardwerk von Michael Stürmer über Deutschland 1866–1918, 2. Auflage Berlin 1983, trägt nicht von ungefähr den Titel »Das ruhelose Reich«.

95 Den vollständigen Text findet man in: Germania – Buchers illustrierte Geschichte in Balladen und Gedichten, zusammengestellt von Detlev Pawlik und Bert Schlender, Luzern und Frankfurt am Main 1977, S. 202.

95 Siehe zum vollständigen Text: Deutschland Deutschland – Politische Gedichte vom Vormärz bis zur Gegenwart, herausgegeben von Helmut Lamprecht, Bremen 1969, S. 220 f.

96 Der Nationalstaat und die Volkswirtschaftspolitik, abgedruckt in: Max Weber, Gesammelte Politische Schriften, 2. Auflage Tübingen 1958, S. 23.

97 Siehe: Aufrufe und Reden deutscher Professoren ..., a. a. O., S. 125 ff.

101 Bei den Kommunisten handelte es sich um eine eigentümliche Mischung, sozusagen um eine Partei des Halbmilieus. Einerseits fing sie diejenigen auf, die aus dem sozialdemokratisch-gewerkschaftlichen Milieu ins Subproletarische absanken;

daher der Millionenzustrom in der Zeit der Wirtschaftskrise und Massenarbeitslosigkeit. Andererseits blieben viele Bindungen an das überkommene Milieu erhalten, allein schon durch das Wohnen in Arbeiterbezirken.

101 Man könnte die NSDAP der »Kampfzeit« geradezu eine Jugendbewegung nennen, und dadurch wurde ihr Profil weit stärker bestimmt als durch die sehr gemischte Herkunft der Anhänger: »1930 waren 36,8 Prozent der Mitglieder und 26,2 Prozent der Führungsgruppe der NSDAP 30 Jahre und jünger. Nicht weniger als 43 Prozent der zwischen 1930 und 1933 neu in die Partei eingetretenen Mitglieder waren zwischen 18 und 30 Jahre, immerhin noch 27 Prozent zwischen 30 und 40 Jahre alt. In der SPD beispielsweise gehörten kaum halb so viele Mitglieder diesen Altersgruppen an ... In dem am 14. September 1930 gewählten Reichstag waren nur rund 10 Prozent der SPD-Abgeordneten unter 40 Jahre, bei der NSDAP-Fraktion waren es, genau wie bei der KPD, rund 60 Prozent.« (Hans-Ulrich Thamer, Verführung und Gewalt. Deutschland 1933–1945, Berlin 1986, S. 178.) – Eine exemplarische Darstellung zur Faszination durch die »Volksgemeinschaft« findet man bei Melita Maschmann in ihrem Erinnerungsbuch »Fazit – Kein Rechtfertigungsversuch«, Stuttgart 1963, S. 16 f.; Neuauflage mit dem Untertitel: Mein Weg in die Hitlerjugend, München 1979.

101 Siehe zum Thema Joachim Fest, Staatsstreich – Der lange Weg zum 20. Juli, Berlin 1994. Es gehört zu den Stärken dieses Buches, daß es Schwäche und Zwiespalt des Widerstandes, den »Aufzug des verlorenen Postens« ebenso überzeugend darstellt wie seine moralische Größe.

104 München und Leipzig 1889 ff., bereits 1892–1895 in der 5. Auflage, 1901 als Volksausgabe.

106 Briefe an Georg Friedländer, herausgegeben von Kurt Schreinert, Heidelberg 1954, S. 309.

106 A. a. O.

107 Die Deutschen auf dem Wege zur freien und einigen Nation, 1915, abgedruckt in: Aufrufe und Reden deutscher Professoren ..., a. a. O., S. 105.

113 Heinrich August Winkler, Bürgerliche Emanzipation und nationale Einigung, in: Probleme der Reichsgründungszeit 1848–1879, herausgegeben von Helmut Böhme, Köln und Berlin 1968, S. 226 ff., hier S. 237.

113 Bernhard Guttmann, Schattenriß einer Generation, 1888–1919, Stuttgart 1950, S. 41 f. – Noch viel schärfer hat Walther Rathenau geurteilt: »Schmachvoll war die Haltung des Großbürgertums, das, durch Beziehungen und Vergünstigungen preiswert bestochen, seinen Vorteil im Ankriechen an die herrschende Schicht und in der Lobpreisung des Bestehenden suchte. Die geistige Verräterei des Großbürgertums, das seine Abkunft und Verantwortung leugnete, das um den Preis des Reserveleutnants, des Korpsstudenten, des Regierungsassessors, des Adelsprädikats, des Herrenhaussitzes und des Kommerzienrats die Quellen der Demokratie nicht nur verstopfte, sondern vergiftete, das feil, feig und feist und durch sein Werkzeug, die nationalliberale Partei, das Schicksal Deutschlands zugunsten der Reaktion entscheiden ließ: diese Verräterei hat Deutschland zerstört, hat die Monarchie zerstört und uns vor allen Völkern verächtlich gemacht.« (Der Kaiser – Eine Betrachtung, Berlin 1919, S. 11.) Es bleibt freilich unbefriedigend, gleichsam kollektive Charaktermängel zu unterstellen, statt nach historischen Bedingungen zu fragen.

114 Mommsen hat sein »Politisches Testament« als Zweiundachtzigjähriger 1899 verfaßt; siehe Dolf Sternberger, »Ich wünschte, ein Bürger zu sein« – Neun Versuche über den Staat, Frankfurt am Main 1967, S. 10 ff. Erstveröffentlichung des Textes von Mommsen in »Die Wandlung«, 3. Jahrgang 1948, Heft 1, S. 69 ff.

114 Ludwig Bamberger, Gesammelte Schriften, Band 5, Berlin 1897, S. 333. – Bamberger, 1823–1899, Revolutionär von 1848, war von 1871 bis 1893 erst als Nationalliberaler, dann als Vertreter der Freisinnigen Partei Mitglied des Reichstages.

114 Rudolf von Thadden, Berührung zwischen Vergangenheit und Zukunft, in: Politik und Kultur, 5. Jahrgang 1978, Heft 3, S. 61.

115 Politik – Vorlesungen, herausgegeben von Max Cornicelius, 2 Bände, Leipzig 1897 und 1898. Hier: Band I, S. 50 f.

117 Das vollständige Gedicht findet man unter anderem in: Ludwig Reiners, Der ewige Brunnen – Ein Hausbuch deutscher Dichtung, 370.–400. Tausend München 1985, S. 431.

118 Siehe hierzu und insgesamt zur genaueren Darstellung: Das Kyffhäuser-Denkmal – Ein Führer von Monika Arndt, Göttingen ohne Jahr.

119 Briefe, Band V, Basel 1963, S. 182 f.

120 Hans Freyer, Pallas Athene – Ethik des politischen Volkes, Jena 1935, S. 121 f.

121 Berlin 1989, S. 173 f.

123 Die romantische Schule, Erstes Buch.
125 Brief Gerlachs an Reinhold von Thadden vom 23. 7. 1866, abgedruckt bei Gerhard Ritter, Die preußischen Konservativen und Bismarcks deutsche Politik 1858–1876, Heidelberg 1913, S. 383 ff.
125 Historische und politische Aufsätze, 5. Auflage Leipzig 1886, Band II, S. 152.
126 Politische Ethik und Christentum, Göttingen 1904, S. 5.
127 A. a. O., S. 6.
127 »Je mehr wir verassessort und verreserveleutnantet werden, je toller wird es«: Briefe an Georg Friedländer, a. a. O., S. 295.
127 Herrschaft oder Freiheit? – Ortsbestimmung der Gegenwart, Band 3, Erlenbach-Zürich und Stuttgart 1957, S. 409.
127 In Mirabeaus Schriften ist der Satz nicht nachzuweisen. In der zitierten Form findet er sich bei Georg Heinrich von Beerenhorst, einem Sohn des Fürsten Leopold von Dessau und bedeutenden Militärschriftsteller: Aus dem Nachlaß, herausgegeben von E. v. Bülow, Dessau 1845, Band I, S. 187.
128 Monatliche »Rundschau« der Kreuzzeitung vom März 1851.
128 Brief an den Sohn; siehe Hans-Heinrich Reuter, Theodor Fontane, »Von Dreizig bis Achtzig«, München 1970, S. 304.
130 Das Wesen des Völkerrechts und die clausula rebus sic stantibus, Tübingen 1911, S. 135.
131 A. a. O.
131 Kaufmann, a. a. O., S. 149.
131 A. a. O.
133 Legalität und Legitimität, München und Leipzig 1932, S. 13. – Das technokratische Verhängnis hat

Gordon A. Craig im Schlußwort seiner Geschichte der preußisch-deutschen Armee beschrieben: »Bis zum allerletzten Ende zeigten die Befehlshaber der deutschen Armeen die technische Virtuosität und den physischen Mut, die seit der Wiederherstellung nach Jena und Auerstedt für das preußische Offizierskorps stets charakteristisch gewesen waren. Aber was die meisten von ihnen in diesen letzten verzweifelten Jahren nicht zeigten, war das, was sie auch nicht gezeigt hatten, als Hitler 1933 an der Schwelle zum Kanzleramt stand, was sie nicht gezeigt hatten, als er im Juni 1934 seine Mordbuben auf das Volk losließ, was sie nicht gezeigt hatten, als Schleicher ermordet und Fritsch degradiert wurde: nämlich eine Spur jenes moralischen Mutes, jener geistigen Unabhängigkeit, jener tiefen Vaterlandsliebe, die so große Soldaten der Vergangenheit wie Scharnhorst, Boyen und Gneisenau ausgezeichnet hatten. Ohne diese Eigenschaften waren ihre anderen Befähigungen wertlos und sie selbst machtlos, um die Katastrophe abzuwenden, die in so hohem Maße das Ergebnis ihres mangelnden politischen Verantwortungsgefühls gewesen ist.« (Die preußisch-deutsche Armee 1640–1945, Staat im Staate, Düsseldorf 1960, S. 543.)

134 Gesammelte Politische Schriften, herausgegeben von Johannes Winckelmann, 2. Auflage Tübingen 1958, S. 307.

134 Bismarck im Denkmal des In- und Auslandes, Band I, Eisenach-Leipzig 1903, Vorwort. – Siehe weiter zum Thema: Dirk Reinartz und Christian Graf von Krockow, Bismarck – Vom Verrat der

Denkmäler, Göttingen 1994; Lothar Machthan (Herausgeber): Bismarck und der deutsche Nationalmythos, Bremen 1994.

136 Siehe zur näheren Darstellung des Themas: Dirk Reinartz und Christian Graf von Krockow: totenstill – Bilder aus den ehemaligen deutschen Konzentrationslagern, Göttingen 1994.

137 Wolfgang Sofsky, Die Ordnung des Terrors: Das Konzentrationslager, Frankfurt am Main 1993, S. 220. – Der Sachverhalt zeigt einen wichtigen Unterschied zum sowjetischen Lagersystem. Dort ging es in erster Linie um Sklavenarbeit mit produktivem Zweck. Erst in der Spätphase des Krieges sind notgedrungen auch die Häftlinge der deutschen Lager für die Rüstungsindustrie eingesetzt worden – angesichts des vorher herrschenden Prinzips mit geringem Ergebnis und beispiellosem Menschenverschleiß.

138 Eugen Kogons grundlegendes Buch »Der SS-Staat – Das System der deutschen Konzentrationslager« erschien zuerst 1946; 13. Auflage München 1974.

142 Wer dafür Anschauung will, sehe sich die Unterhaltungsfilme des Dritten Reiches an, die nicht von Feindbildern und von der Macht sprechen, die gegen sie aufmarschiert, sondern von den privaten Träumen: Nirgendwo Uniformen, weder braune oder schwarze noch feldgraue, keine Hakenkreuzfahne, kein Parteiabzeichen und kein »deutscher Gruß«; eine Zivilgesellschaft stellt sich dar, als hätte es die »Machtergreifung« überhaupt nicht gegeben, meist in der bürgerlich gehobenen Version samt Frack, Abendkleid und formvollendetem Handkuß.

143 Als Beispiele für diese Sichtweise seien genannt: Hans-Joachim Arndt, Die Besiegten von 1945, Berlin 1978; Bernard Willms, Die Deutsche Nation – Theorie – Lage – Zukunft, Köln-Lövenich 1982. Siehe neuerdings auch viele Beiträge in dem Sammelband: Die selbstbewußte Nation, herausgegeben von Heimo Schwilk und Ulrich Schacht, Frankfurt am Main und Berlin 1994.

143 Immer wieder wurde zitiert, was das »Blaue Gutachten« zur Hochschulreform schon 1948 verkündet hatte: »Gegen die zu weit gehende Unzufriedenheit ist zu sagen, daß die Hochschulen Träger einer alten und im Kern gesunden Tradition sind.« (Siehe: Dokumente zur Hochschulreform, Veröffentlichung der Westdeutschen Rektorenkonferenz, Wiesbaden 1961; das Gutachten von 1948 S. 289 ff., Zitat S. 291.) Immerhin enthielt das »Blaue Gutachten« Reformvorschläge – offenbar zu weit gehende, denn sie wurden nicht verwirklicht. Wer mochte da noch nachfragen, warum 1933 die Bücherverbrennungen von den Universitäten aus organisiert und Hunderte von Hochschullehrern vertrieben werden konnten, ohne daß es Proteste gab? Siehe kritisch zum Thema vom Verfasser: Scheiterhaufen – Größe und Elend des deutschen Geistes, Neuauflage Reinbek 1993.

146 Ihren klassischen Ausdruck hat die skeptische Weisheit in der Aufsatzsammlung von Alexander Hamilton, John Jay und James Madison gefunden, die 1787/88 geschrieben und unter dem Titel »The Federalist« veröffentlicht wurde. Deutsch: Der Föderalist, herausgegeben von Felix Ermacora, Wien 1958.

147 Siehe zum Zitat oben, Anmerkung zu S. 33.
147 Die skeptische Generation – Eine Soziologie der deutschen Jugend, Düsseldorf und Köln 1957. Das Buch stellt inzwischen ein Zeitdokument eigener Art dar, auch wegen der Einstellung des Autors, die es spiegelt. Siehe dazu von Schelsky weiter: Wandlungen der deutschen Familie in der Gegenwart, Dortmund 1953.
149 Rudolf v. Thadden, Berührung zwischen Vergangenheit und Zukunft, in: Politik und Kultur, Heft 3, 5. Jahrgang Berlin 1978, S. 63.
150 Sedantag, in: Im Schatten der Geschichte – Historisch-politische Variationen, Stuttgart 1985, S. 65.
153 Siehe zum vollständigen Gedicht: Bertolt Brecht, Gesammelte Werke, Band 10, Gedichte 3, Frankfurt am Main 1968, S. 1009 f.
153 Siehe dazu vor allem Günter Gaus, Wo Deutschland liegt – Eine Ortsbestimmung, Hamburg 1983.
154 Deutscher Lastenausgleich – Wider das dumpfe Einheitsgebot. Reden und Gespräche, Frankfurt am Main 1990, S. 17.
156 »Es zittern die morschen Knochen«, hieß und begann das Lied, das der achtzehnjährige Hans Baumann 1932 schrieb. Es war berühmt, vielmehr berüchtigt wegen der Zeilen: »denn heute *gehört* uns Deutschland / und morgen die ganze Welt«. Als 1933 nach außen hin noch Vorsicht geboten schien, wurde vorübergehend »gehört« durch »da hört« ersetzt, aber nur für etwa drei Jahre und keineswegs konsequent in allen gedruckten Fassungen, kaum beim Singen. Siehe zum vollständigen Text: Deutschland Deutschland – Politische Gedichte vom Vormärz bis zur Gegenwart, her-

ausgegeben von Helmut Lamprecht, Bremen 1969, S. 390 f.

158 Martin und Sylvia Greiffenhagen, Ein schwieriges Vaterland – Zur Politischen Kultur Deutschlands, München 1979, S. 321.

159 Der Nationalstaat und die Volkswirtschaftspolitik, in: Gesammelte Politische Schriften, 2. Auflage Tübingen 1958, S. 21.

161 Das Stichwort lieferte vor allem Herbert Marcuse. Siehe von ihm: Repressive Toleranz, in: Robert Paul Wolff/Barrington Moore/Herbert Marcuse, Kritik der reinen Toleranz, 3. Auflage Frankfurt am Main 1967, S. 91 ff.

161 »Meines Erachtens wurde noch nie – kaum zur Nazizeit – eine Kulturnation mit großer Tradition durch eine solch kleine Ideologie verwirrt wie gegenwärtig unser Volk durch die arrogante Bewegung, die mit dem Anspruch auftritt, das ›kritische Bewußtsein‹ zu verkörpern und ›progressiv‹ zu sein.« Das schrieb der bekannte Informatiker Karl Steinbuch (Ja zur Wirklichkeit, Stuttgart 1975, S. 35) – als habe 1933 nicht eine beispiellose Verfemung und Verfolgung, Vertreibung und Selbstzerstörung deutschen Geistes begonnen. Freilich ging es im Dritten Reich um die Abwehr von angeblicher »Zersetzung« und um die Wiederherstellung unbefragbarer Autorität. – Gleichsam als Eckpfeiler konservativer Kritik seien genannt: Arnold Gehlen, Moral und Hypermoral – Eine pluralistische Ethik, Frankfurt am Main und Bonn 1969; Helmut Schelsky, Die Arbeit tun die anderen – Klassenkampf und Priesterherrschaft der Intellektuellen, Opladen 1975.

162 Der protestantische Hintergrund der Protestbewegung ließe sich auch an den Biographien ihrer im einen oder anderen Sinne herausragenden Exponenten ablesen, von Rudi Dutschke bis Gudrun Ensslin.

163 Nur als Beispiel sei zitiert, was Bernd Guggenberger und Claus Offe in der Debatte über die »Nachrüstung« schrieben: »Was aber besagen Mehrheiten – in der Perzeption von Minderheiten – schon angesichts einer ›drohenden Selbstvernichtung‹? Was ist das, was apathische, ignorante ›Akklamationsmehrheiten‹ und ihre Repräsentanten in solcher Situation tun, anderes als ›Parteinahme für den Tod, die Vernichtung, ohne daß ihnen das voll bewußt (wäre)‹? Vermag in solcher Situation der Hinweis auf Mehrheitsverhältnisse wirliche Legitimität zu begründen, oder hat er nicht allenfalls arithmetischen und statistischen Wert für die Vertreter eines (überholten) quantitativen Demokratieverständnisses?« (Politik an der Basis – Herausforderung der parlamentarischen Demokratie, in: aus politik und zeitgeschichte, Beilage zu: Das Parlament, 26. 11. 1983, S. 6. – Siehe auch den von Guggenberger und Offe herausgegebenen Sammelband: An den Grenzen der Mehrheitsdemokratie – Politik und Soziologie der Mehrheitsregel, Opladen 1984.) – Die Gegensatzkonstruktion von Apathie und Ignoranz dort, lebensrettender Wahrheit und Einsicht hier läuft nicht bloß auf den Abschied von einem »überholten« Demokratieverständnis hinaus, auf den Machtanspruch einer als »Basis«-Bewegung verkleideten selbsternannten Elite, sondern auf den Abschied von der liberalen

Demokratie überhaupt, übrigens ganz im Sinne Carl Schmitts. – Zu entsprechenden Problemen beim Anspruch, die Umwelt zu retten, siehe von Iring Fetscher: Ökologie und Demokratie – ein Problem der politischen Kultur, in: aus politik und zeitgeschichte, Beilage zu: Das Parlament, 3. 7. 1982.

164 Die Reise – Romanessay, Ausgabe letzter Hand, 20. Auflage Berlin und Schlechtenwegen 1981, S. 107.

164 Zur diesseitigen Heilssuche und »Weltfrömmigkeit« eines säkularisierten Luthertums hat Helmuth Plessner Grundlegendes gesagt. Siehe von ihm: Die verspätete Nation – Über die politische Verführbarkeit bürgerlichen Geistes, Stuttgart 1959.

165 A. a. O., S. 222. – Zum Haß wird S. 634 notiert: »ich werde dieses buch nicht ›haß‹ nennen, haß wäre zu undifferenziert, aber ich weiß, daß wir und andere nur glücklich werden können, wenn wir unsere erfahrungen in haß und unsern haß in energie verwandeln. ich glaube an die nützliche funktion des hasses, er ist ausdruck dafür, daß wir uns nicht länger unterdrücken lassen wollen, weder durch uns noch durch andre ...«

165 S. 320. – 1938 geboren, hat Vesper sich 1971 das Leben genommen.

167 Siehe zum Text oben, S. 122 f.

169 Rede zur 25-Jahr-Feier der Akademie für Politische Bildung in Tutzing, abgedruckt in: Frankfurter Allgemeine Zeitung vom 31. 8. 1982. Auch in: Grundfragen der Demokratie, Folge 3, Schriftenreihe der Niedersächsischen Landeszentrale für Politische Bildung, Hannover 1982.

169 Christian Meier, Deutschland zwischen der Bonner und der Berliner Demokratie – Eine Rede, in: Zeitschrift für Politik, Jahrgang 41 Heft 3, 1994, S. 261 ff.

171 Uwe Kolbe, Ich war nicht darauf vorbereitet, ein Deutscher zu sein, in: Mein Deutschland findet sich in keinem Atlas – Schriftsteller aus beiden deutschen Staaten über ihr nationales Selbstverständnis, herausgegeben von Françoise Barthélemy und Lutz Winckler, Frankfurt am Main 1990, S. 67 ff. – »Auf die Schriftsteller kann sich ein neuer Nationalismus nicht stützen«, heißt es mit Recht im Vorwort zu diesem Sammelband. Um so deutlicher wird die Ausnahmeposition von Martin Walser erkennbar. Siehe von ihm: Über Deutschland reden, Frankfurt am Main 1989.

172 Frankfurter Allgemeine Zeitung, 9. November 1994, S. 35.

173 Reinhard Mohr, Umsturz durch Massenflucht, in: Frankfurter Allgemeine Zeitung, 9. November 1994, S. 36.

175 Vanna Vannucini (italienische Journalistin), Der Sozialstaat bleibt ein Wunder, in: DIE ZEIT, 9. November 1994, S. 3.

176 In der zweiten seiner »Thesen über Feuerbach« sagt Marx: »Die Frage, ob dem menschlichen Denken gegenständliche Wahrheit zukomme, ist keine Frage der Theorie, sondern eine *praktische* Frage. In der Praxis muß der Mensch die Wahrheit, i. e. Wirklichkeit und Macht, Diesseitigkeit seines Denkens beweisen. Der Streit über die Wirklichkeit oder Nichtwirklichkeit des Denkens – das von der Praxis isoliert ist –, ist eine rein *scholastische* Frage« (Die Deutsche Ideologie, 1845/46).

177 Die zitierten Begriffe hat Johann Gottlieb Fichte in seinen »Grundzügen des gegenwärtigen Zeitalters« verwendet (Berlin 1806). Fichte hat damit das Muster einer innerweltlichen Erlösungstheologie geschaffen, dem nicht nur Marx, sondern auch der moderne Kulturpessimismus folgt, wenn er aus der Vernichtung des Bestehenden das künftige Heil gewinnen will.

177 Der Sachverhalt spiegelt sich in der Literatur. Das Thema »Revolution« füllt Bibliotheken, aber an Untersuchungen zum Begriff und zur Sache der Reform fehlt es nahezu völlig. Selbst die Kirche, die sich *ecclesia reformata semper reformanda* nennt, kennt zwar eine Theologie der Revolution, aber keine der Reform – und in wichtigen Nachschlagewerken die Reform nicht einmal als ein systematisches Stichwort; meist wird nur auf »Reformation« als ein offenbar einmaliges historisches Ereignis verwiesen. Siehe zum Thema vom Verfasser: Reform als politisches Prinzip, München 1976.

178 »Bautzen oder Babylon«, in: Sinn und Form, Heft 4 1991, S. 664 ff.

179 Luigi Vittorio Ferraris, Wenn schon, denn schon – aber ohne Hysterie. An meine deutschen Freunde, München 1988, S. 144 und 165.

179 Siehe zur genaueren Darstellung vom Verfasser: Die Deutschen vor ihrer Zukunft, Berlin 1993.

184 Œuvres Complètes, Band I, Paris 1947, S. 454 ff.

185 »Bautzen oder Babylon«, a. a. O.

186 Siehe die Anmerkungen zu S. 153 f.

186 Zurück nach Babelsberg – Blick auf ein vereintes Land, Köln 1992, S. 19.

186 Man könnte vom technisch-zivilisatorischen Zeitbegriff sprechen, der sich von einem älteren, »natürlichen« Zeitgefühl unterscheidet. Als Stille und Weite begegnet uns dieses andere Zeitgefühl noch, rührt uns an und verzaubert uns, wenn wir zum Beispiel in den verlorenen deutschen Osten reisen. Siehe dazu vom Verfasser: Begegnung mit Ostpreußen, Stuttgart 1994, S. 297 ff. Aber was uns verzaubert und die Heimatgefühle weckt, wird entstellt und mißbraucht, sobald man es ins Politische und Nationale wendet.

187 Abschied von den Lebenslügen – Die Intelligenz und die Macht, Berlin 1992, S. 20.

187 Es wäre verlockend, hier auch von der Rolle der Musikkultur in der neueren deutschen Geschichte zu reden. Aber man lese Thomas Manns »Doktor Faustus«.

188 Thomas Schmid hat das Wechselverhältnis von Obrigkeitsstaat und eigenwilliger Literatur kritisch so beschrieben: »Auch für das Regime war ... nur die Literatur von Interesse, die, in welcher Weise auch immer, mit dem Regime über Kreuz war, also die dissidente Literatur. Die Machthaber wußten ja ganz genau, wie unansehnlich und vermurkst ihr Staat war. Und weil der Augenschein überhaupt nicht für den Staat sprach, war eine Literatur, die die Propaganda des Regimes mit anderen Mitteln fortsetzte, ziemlich unbrauchbar. Gebraucht wurde dagegen eine Literatur, die dem Augenschein dialektisch zu Leibe rückte, die die riesige Kluft zwischen Versprechen und Wirklichkeit thematisierte und schon damit als möglicherweise überbrückbar darstellte – eine Literatur also, die der DDR bescheinigte, sie sei doch eine Gesellschaft des Exodus, natürlich nicht des Exodus gen Westen, sondern gen Humanismus, Gerechtigkeit und vielleicht gar Glück. Die Autoren und Autorinnen mußten das nicht *wollen,* und die meisten hätten dieses Ansinnen auch weit von sich gewiesen. Dennoch *funktionierte* es so. Die literarische Rede über die unerträgliche Unvollkommenheit der deutsch-demokratischen Wirklichkeit konnte drastisch ausfallen – nur eines konnte sie nicht: Sie konnte die ideelle Grundlage des Staates nicht in Frage stellen ... Die DDR war ein Staat, der seine Bürger zur Entsagung zwang – und Literatur wie Intellektuelle haben ihren Teil dazu beigetragen, dieser Kultur der Entsagung das Wort zu reden und sie bisweilen sogar zu verklären« (Die Eingeschlossenen von Jalta, in: Deutschland, Deutschland; Kursbuch 109, Berlin 1992, S. 152 ff.).

188 Heimo Schwilk, Ulrich Schacht (Herausgeber): Die selbstbewußte Nation – »Anschwellender Bocksgesang« und weitere Beiträge zu einer deutschen Debatte, Frankfurt am Main und Berlin 1994. – Es sei erwähnt, daß einer der Autoren sich bald und nachdrücklich distanziert hat. »Denn du bist plötzlich in eine Gesellschaft geraten, zu der du nie gehören wolltest«, und die eigene, kritische Analyse des zeitgenössischen Kunstbetriebs entwickelt in solcher Gesellschaft peinliche Nebentöne. »Man schämt sich dermaßen, daß man dem Buch am liebsten ein Nachwort anfügen und sich darin zu einer nur mißtrauischen und partiellen

Liebe zum Mutterland und zu einem modernen Collage-Bewußtsein bekennen würde, das zwischen Nationen nicht qualitativ unterscheiden kann und jede Hingabe an ein neues oder altes ›Ganzes‹ verabscheut. Darin hätte vor allem auch ein Dank zu stehen für eine hier übel verteufelte westliche ›Re-education‹ und für die ›Frankfurter Schule‹, die dem jungen Nachkriegsdeutschen kritisches Denken als Rüstzeug auf den Weg gab ...« (Eduard Beaucamp, Beiträgers Erbleichen, in: Frankfurter Allgemeine Zeitung, 20. Oktober 1994, S. 35.).

189 A. a. O., S. 22 f.

189 Norm und Normalität – Über die Liebe zum eigenen Land; a. a. O., S. 48.

189 Erde und Heimat – Über das Ende der Ära des Unheils; a. a. O., S. 105.

190 S. 37 und 24.

190 Schmerz und Moral – Über das Ethos des Widerstehens, a. a. O., S. 394 und 400.

190 Individuum und Gesellschaft – Über die Enteignung des Eigentums; a. a. O., S. 430.

191 S. 28.

191 S. 37.

191 S. 34.

191 S. 38.

191 In seinem Beitrag »Innerlichkeit und Weltferne – Über die deutsche Sehnsucht nach Metaphysik« stellt Tilman Krause die Verbindung ausdrücklich her: »Botho Strauß, Christa Wolf, Heiner Müller – drei auf ihre je verschiedene Weise im exemplarischen Sinne deutsche Schriftsteller –, sollen sie nun Opfer deutschen Selbsthasses werden und nichts mehr gelten, weil sie Vorstellungen eines literarischen ›juste milieu‹ sprengen und den zivilisatorischen Standards westlich geprägter Kultur nicht genügen?« (A. a. O., S. 138 f.)

191 S. 33.

192 S. 27.

192 Bergfleth, S. 105 und 119.

193 Daß es um das Selbstbewußtsein rechter Vordenker schlecht bestellt ist, zeigt trotz des Titels »Die selbstbewußte Nation« das Beieinander von Weinerlichkeit und Aggressivität, das die meisten Beiträge beherrscht. Daß man ein ähnliches Gemisch oft auch bei Linken findet, seit sie wieder mit der Nation und dem Nationalstaat konfrontiert sind, sei ausdrücklich vermerkt.

194 Die Idee des Nationalismus, Heidelberg 1950, S. 397.

195 Brief an Dr. Priestley vom 19. Juni 1802. – Mit Recht hat Otto Vossler gesagt: »Jefferson war nicht der Begründer der amerikanischen Demokratie. Deren Wurzeln reichen weit zurück nach England. Er war aber der Begründer des Bewußtseins der amerikanischen Demokratie, ihrer Verherrlichung, ihres Stolzes und ihrer menschheitlichen Mission. Er hat seinem Volke des Glauben gegeben, der es zu einer Nation gemacht hat« (Die amerikanischen Revolutionsideale in ihrem Verhältnis zu den europäischen, untersucht an Thomas Jefferson, München 1929, S. 187).

199 »Die Angst vor der chinesischen Lösung«, in: DIE ZEIT vom 14. 10. 1994, S. 20.

200 »Vereint in die Schlußmusik«, a. a. O., 21. 10. 1994, S. 14. – »Tagebuch der Wende«, heißt freilich im Widerspruch zum Gesagten Reichs Serie in der ZEIT.

205 Reinhard Mohr, Umsturz durch Massenflucht, in: Frankfurter Allgemeine Zeitung, 9. November 1994, S. 36.

206 Es sei noch einmal daran erinnert, wie folgerichtig – und wie vollendet irrational – Carl Schmitt als einer der Väter der Neuen Rechten diesen Zusammenhang dargestellt hat. Siehe dazu oben, S. 45 ff.